LA GUÍA DEL ARTISTA PARA
DIBUJAR MANGA

LA GUÍA DEL ARTISTA PARA
DIBUJAR
MANGA

TÉCNICAS • PERSONAJES • ESTILOS • DIGITAL

BEN KREFTA

Picarona

Ben Krefta es un ilustrador y diseñador gráfico británico con un estilo único y fuera de lo convencional principalmente dirigido a adolescentes y jóvenes inconformistas aficionados de las nuevas tecnologías, los videojuegos y el manganime. Entre sus trabajos se cuentan proyectos de arte y diseño para diversas páginas web, desarrolladores de juegos, revistas y clientes tan importantes como Hitachi y Wacom. Además, ya tiene publicados diversos libros en los que enseña cómo dibujar manga. Para más información visitad su página web personal (en inglés): www.benkrefta.com

Puedes consultar nuestro catálogo en www.picarona.net

La guía del artista para dibujar manga
Texto e ilustraciones: *Ben Krefta*

1.ª edición: noviembre de 2022

Título original: *The Artist's Guide to Manga*

Traducción: *Ismael Funes*
Maquetación: *El Taller del Llibre, S. L.*
Corrección: *Sara Moreno*

© Arcturus Holdings Limited
(Reservados todos los derechos)
© 2022, Ediciones Obelisco, S. L.
www.edicionesobelisco.com
(Reservados los derechos para la lengua española)

Edita: Picarona, sello infantil de Ediciones Obelisco, S. L.
Collita, 23-25. Pol. Ind. Molí de la Bastida
08191 Rubí - Barcelona - España
Tel. 93 309 85 25
E-mail: picarona@picarona.net

ISBN: 978-84-9145-601-8
Depósito Legal: B-10.191-2022

Printed in China

ÍNDICE

Introducción

«El manga es una moda pasajera, ¿verdad?», o eso decía uno de mis profesores en la universidad allá por el 2006. Cuando yo me hacía mayor en los noventa, el anime estaba empezando a ganar popularidad entre los jóvenes occidentales gracias a los primeros productos que llegaban a Europa a través de empresas como Manga Entertainment y Manga Corps. Poco después empezaron a llegar a las librerías los cómics que en muchos casos habían originado aquellos animes. Durante la década siguiente, Internet se convirtió en el canal por el que cualquier aficionado podía recabar información y contactar con otros aficionados con los que compartir su entusiasmo por aquella nueva manifestación artística venida de Japón, con sus temas y estilos característicos.

Hoy día, el manga y el anime están bastante integrados en todas las facetas de la cultura y el entretenimiento: libros, televisión, juegos, películas, moda, diseño y publicidad. Lejos de ser una moda efímera, a diferencia de lo que decía mi profesor, no me da la impresión de que se trate de algo pasajero. De hecho, la influencia del manga no deja de aumentar con una nueva generación de fans que descubren su irresistible fascinación por primera vez en el siglo XXI.

¿QUÉ ES ESO DEL MANGA Y EL ANIME?

El manga y el anime son dos maneras de contar historias para todas las edades de manera visual, cautivadora, compleja y tremendamente sencilla al mismo tiempo. El manga se refiere específicamente a los cómics creados por los *mangakas* (dibujantes de manga) con un público principalmente japonés en mente. Su estilo se desarrolló en Japón a lo largo de la segunda mitad del siglo XIX combinando una fuerte influencia del cómic europeo y de EE. UU. con la larga y compleja historia del arte gráfico japonés, en particular el grabado en madera (*ukiyo-e*). Con todo, en Occidente se usa el término «manga» de manera más general para referirse al estilo de dibujo que se originó en Japón, y muchos artistas occidentales que lo han adoptado se llaman a sí mismos *mangaka* o dibujantes manga. El anime, por otro lado, se refiere a las películas de animación (dibujos animados) creadas en Japón, aunque en Occidente, de nuevo, el término se usa en sentido más genérico para etiquetar el estilo, tipología y aspecto de la animación venida de Japón. El anime se suele caracterizar por imágenes detalladas y muy coloridas, personajes profundos y desarrollados y líneas argumentales complejas que pueden estar ambientas en el pasado, presente, futuro o incluso en mundos de fantasía. El significado del término «anime» puede variar según el contexto en el que se utilice.

En resumen, los términos «manga» y «anime» designan ambos manifestaciones artísticas siguiendo un estilo típicamente japonés, pero en diferentes formatos. Por otro lado, el manga tiende a ser en blanco y negro, mientras que el anime suele ser a todo color.

DETALLES CARACTERÍSTICOS DEL MANGA

El estilo manga lleva evolucionando desde mediados del siglo XX, pero es entre 1960 y 1980 cuando adquiere los rasgos que lo hacen inmediatamente reconocible. Éstos incluyen algunas de las siguientes características:

▶ **Ojos grandes (especialmente en personajes femeninos e infantiles)**

▶ **Narices pequeñas, generalmente simplificadas a un punto o a una línea con forma de L**

▶ **Caras planas y barbillas angulosas**

▶ **Diversidad de colores en cabello y ojos**

▶ **Peinados extremados**

▶ **Cuerpos estilizados y tamaño de pecho exagerado**

▶ **Indicadores externos de emociones como una gota de sudor o unas líneas en cruz en la frente**

▶ **Delineado muy simple**

▶ **Efectos de fondo como líneas de velocidad o tramas**

▶ **Tonos intermedios en gris (manga)**

▶ **Colores sólidos, planos y básicos (anime)**

Para mostraros cómo crear diferentes elementos manga, intentaré usar diversos estilos y temas. A lo largo de los años y con práctica he logrado desarrollar mi propio estilo dentro de los paradigmas del manganime. Evidentemente, mi estilo se dejará entrever en los ejemplos que os voy a mostrar. Por eso, si queréis experimentar adaptando cualquiera de mis ejemplos para que sean más *kawaii* o más estilo *chibi*, o, preferís una gama de colores más sobria y oscura, no dudéis. Vosotros también podéis adaptar cualquier estilo manga a vuestras preferencias.

OBJETIVO: CONVERTIRSE EN MANGAKA

El arte del dibujo es una habilidad que requiere de mucho tiempo de práctica, de hecho, se trata más bien de un proceso de desarrollo que nunca acaba y que proporciona a los artistas satisfacción, diversión y emoción. Pero todo tiene un precio, y si no tenéis cuidado o si no encajáis bien las críticas, vuestra autoestima se puede resentir si las cosas no acaban de salir bien del todo. No importa la edad, ya sea con trece o con treinta, la práctica lleva a la perfección, y cuanto más dibujéis mejor lo haréis. Antes de embarcaros en los tutoriales que forman este libro, mejor haceros una idea de dónde os encontráis ahora exactamente. Dibujad un personaje, tal cual, directamente de vuestra imaginación, dibujadlo, ponedle la fecha y guardadlo. Ése será vuestro punto de partida; después de semanas o meses de haber ido trabajando con mis tutoriales, intentad dibujar el mismo personaje para ver cómo habéis mejorado. Yo siempre les pongo fecha a mis trabajos, ya sea en papel o en un archivo en el ordenador.

Cada dos o tres meses poned vuestras obras una detrás de otra para observar cómo habéis mejorado e identificar aquellas partes del dibujo que requieren de revisión o más práctica. Si ponéis el dibujo boca abajo o lo miráis en un espejo, las áreas que no acaban de encajar se verán resaltadas. La idea es que os convirtáis en vuestros propios críticos y que, al mismo tiempo, no seáis demasiado duros con vosotros mismos. Es de justicia alegrarse por los propios avances, pero, si encontráis que no habéis progresado tanto como deseabais, que eso os sirva de incentivo para mejorar, más que una excusa para autocastigaros.

Si estáis en la mitad de un dibujo y no acaba de saliros bien, no abandonéis en vuestro empeño y lo tiréis a la basura directamente. Tomaos un respiro y ya volveréis a él más adelante, o simplemente tomáoslo como un boceto, algo preliminar y no como un trabajo final.

Crearos objetivos lo que os gustaría dibujar y que os servirá de práctica; pueden ser bocetos, dibujos a tinta o a todo color. Luego estableced un plazo para llevarlos a cabo. Por ejemplo, un boceto al día, una ilustración en color a la semana, etc.

Llevad siempre un cuaderno de dibujo para poder hacer un boceto o garabatear en vuestros ratos libres. También podéis usar la tablet o el teléfono con las aplicaciones adecuadas.

Tened siempre el material de dibujo a mano, sobre todo si disponéis de poco tiempo para practicar. No perdáis tiempo intentando localizar dónde tenéis esto o aquello; haced que cuando os tengáis que poner, podáis hacerlo directamente.

Leed mangas, ved anime, jugad con videojuegos y sumergíos en lo que más os gusta para que os motive además de como material de inspiración. Tomad notas y clasificad las ideas que se os vayan ocurriendo. Igualmente es una buena idea tomar clases de dibujo para poder alternar con otras personas y aprender los unos de los otros. No tiene por qué ser presencial, el reino virtual también os puede ayudar.

Copiad, calcad, inspiraos en fotos y en la vida real. Resistid a la tentación de plagiar o hacer pasar obras de otros por vuestras. Se trata de dibujar. Cuanto más dibujéis más mejoraréis.

Este libro tiene como objetivo daros una sólida base para desarrollar un estilo manga y crear personajes acordes con esa estética. Para ello hallaréis esquemas paso a paso desde figuras esquemáticas hasta el personaje acabado a todo color.

Para concluir, me gustaría que fuerais capaces de aplicar vuestras habilidades para desplegar vuestro propio estilo. Dibujad, experimentad y, sobre todo, ¡divertíos!

Herramientas y materiales

Para empezar a crear imágenes no necesitáis más que un lápiz, una goma de borrar y unas hojas de papel. A medida que vayáis ganando soltura podríais considerar invertir en materiales menos básicos para conseguir mejores resultados. Os recomiendo que, a lo largo de vuestro camino de aprendizaje artístico, experimentéis con diferentes medios hasta que encontréis el que os vaya mejor y se ajuste a vuestro estilo, que bien podrían ser lápices de colores, pinturas, rotuladores o algún programa digital. Lo importante es que os divirtáis creando diferentes efectos probando diversas herramientas y técnicas para ver qué os sale, lo cual os resultará superútil para descubrir qué herramientas os gustan más.

Un espacio de trabajo bien organizado es esencial para poder dibujar bien. Algunos se conforman con usar su cuaderno encima de las piernas o garabatear en la *tablet* mientras esperan el autobús; pero llegar a un estándar de calidad aceptable requiere mucha práctica, así que deberíais tener un lugar donde poder trabajar durante horas cómodamente. Para evitar los problemas de espalda hay que contar con una silla lo más ergonómica posible; por otro lado, ayuda mucho a dibujar eficientemente tener los lápices y el resto del material de dibujo a mano. Es mejor que el lugar de trabajo esté ordenado porque eso ayuda a encontrarlo todo mejor y predispone a crear un trabajo de manera más sistemática. En aquellos momentos en los que se necesite un poco de guía o inspiración extra, también resulta conveniente tener a mano los libros de referencia y el ordenador para buscar imágenes. Siempre es mejor usar luz natural cuando se trabaja con colores, para poder usar una paleta con tonos naturales, pero se pueden conseguir fácilmente bombillas con un tono de luz similar a la natural (luz neutra) para colocar en la lámpara de trabajo o en la de techo, lo que también ayuda a minimizar el sobresfuerzo ocular los días nublados.

Por norma general, los *mangakas* modernos empiezan con un esbozo a lápiz que luego pasan a tinta y, por último se aplica el color. Durante muchos años, yo hacía los dos primeros pasos (lápiz y entintado) a la manera tradicional y los colores los aplicaba en digital, pero últimamente ya lo hago todo en digital. Antes de decantaros por uno u otro formato, es imprescindible que conozcáis con detalle tanto las técnicas tradicionales como las digitales y, por supuesto, que seáis capaces de dibujar sólo con lápiz y papel. En las siguientes páginas se presentan las herramientas básicas necesarias para crear ilustraciones manga.

Equipamiento básico de dibujo

Seguramente ya tengáis la mayoría de estos elementos en casa. Si no, se pueden encontrar en su formato más básico muy fácilmente en cualquier papelería.

LÁPICES

Casi seguro que todos habréis escrito alguna vez con lápices HB, cuya mina es de grafito. Para poder crear sombras y degradado se necesitan diferentes tipos de lápices: desde los 6H (los más duros) hasta los 6B (los más blandos). Los HB estarían en el medio. Muchos dibujantes de cómics usamos lápices 2H, que permiten hacer líneas muy finas y sin marcar en exceso el papel, para entintar encima, por ejemplo. En lugar de entintar, a veces remarco las líneas por encima con un lápiz 3B o 4B. Los lápices más blandos que 2B tienden a emborronar, así que es mejor reservar los más blandos para sombras y degradados. También ayuda a evitar accidentes colocar un pañuelo de papel debajo de la mano mientras estás dibujando. Podéis usar un guante de dibujo, que cubre las partes de la mano y los dedos que rozan contra el papel.

A mí en particular me gustan mucho más los portaminas que los lápices de madera; me evitan tener que sacarles punta y la punta mantiene un grueso constante, y hay modelos que incluso permiten recambiar la goma que tienen arriba cuando ya se ha gastado.

La mayoría de los dibujantes usan lápiz para esbozos rápidos, composiciones e ilustraciones con degradados, así que practicad con este medio tanto como podáis.

Existen también unos lápices/rotuladores azules no reproducibles, cuyo color no lo captan las fotocopiadoras, y que se puede eliminar muy fácilmente con cualquier programa tras haber escaneado la ilustración. Éstos van genial para los borradores antes de pasarlos a tinta o a lápiz negro.

También se puede usar cualquier otro color de lápiz o tinta; este truco evita tener que borrar luego todas las líneas previas. Los colores que mejor funcionan son el amarillo, el azul claro y el verde claro. Luego se puede usar rojo oscuro o lila para refinar esas líneas.

La presión con los lápices de colores es muy importante. Cuanto más fuerte apretéis, más sólido e intenso será el color que consigáis. Para mezclar colores simplemente hay que añadir uno encima de otro. Así, superponiendo colores, se pueden crear una gran variedad de tonos sin los problemas que conllevaría usar un bolígrafo o rotulador.

Ventajas

❱ Ya tenéis experiencia con los lápices porque seguro que los habéis utilizado antes.

❱ Si no se aprieta en exceso, las marcas de lápiz se pueden borrar fácilmente sin dejar marca, de manera que se pueden corregir los errores.

❱ Los lápices de colores suelen ser económicos, fáciles de usar y de mezclar entre sí.

Desventajas

❱ Si se presiona demasiado pueden quedar marcas en el papel imposibles de disimular incluso después de haber borrado.

❱ Los lápices suelen dar una línea inconsistente dependiendo de la presión que se le aplique, lo que dificulta mantener el tono y la forma de una línea, sobre todo con lápices más blandos.

❱ Para conseguir colores saturados, hay que dar muchas capas con lápices de colores, lo que requiere tiempo.

PLANTILLAS Y REGLAS

Dibujar círculos con tinta y compás es un engorro, es mucho mejor usar plantillas. Las plantillas de curvas (multicurvas o curvígrafos) también ayudan mucho a obtener líneas exactas, sobre todo cuando se dibujan objetos mecánicos. Para el borrador suelo dibujar a mano alzada sin apretar mucho, pero luego refino las líneas con alguna plantilla apretando más.

Para las líneas rectas de maquinaria, líneas de acción o bordes, es imprescindible una regla recta de las de toda la vida, si ya hablamos de crear fondos con perspectiva (calles, ciudades o interiores) la regla es insustituible.

Cuando utilicéis reglas o plantillas con tinta, debéis procurar no pasarlas por encima de las zonas entintadas. Esperad a que se sequen las líneas entintadas o levantad la regla con mucho cuidado y volvedla a colocar en el lugar deseado. Limpiad los bordes con un trozo de papel o tela para que no haya tinta acumulada que pueda emborronar.

GOMAS DE BORRAR

La goma de borrar es otra herramienta insustituible, ya que estaréis borrando todo el rato, sobre todo al principio. Una mala goma de borrar puede destruir horas de trabajo. Encontrad una que borre bien la mina de grafito sin tener que ejercer mucha fuerza. Yo uso tres: la del extremo de mi portaminas (aseguraos de que son de buena calidad, porque ésas especialmente suelen emborronar mucho) para los detalles pequeños, otra grande para borrar grandes áreas de una pasada y la tercera, la moldeable.

La goma de borrar moldeable parece plastilina y es formidable para refinar las líneas sin ensuciar. Permite quitar borrones y acceder a detalles muy pequeños, porque le podéis dar la forma que queráis. No suele dejar residuos en el papel y también se puede usar para aclarar partes presionando con suavidad por zonas que ya estén dibujadas. Cuando queráis limpiarla, lo mejor es frotar las partes sucias en una hoja de papel limpio.

Cuando utilicéis lápices blandos, cuidado de no emborronar el dibujo cuando limpiéis el papel de restos de goma de borrar, o cuando estéis borrando las líneas de lápiz después de haber entintado. Siempre dejad tiempo suficiente para que la tinta se seque.

PAPELES

Hablando de papel, cada artista tiene sus preferencias. Tradicionalmente, el cómic se dibujaba en cartulina de dibujo o en blocs de papel especial para tinta, pero estos dos tipos de papeles tienen un granulado que a mí no me entusiasma, así que yo me decanto por papel para impresora de textura más lisa.

Tinta, rotuladores y pintura

El cómic manga se caracteriza por imágenes en blanco y negro, para conseguirlas necesitamos convertir nuestros dibujos a lápiz mediante el entintado. Existen bolígrafos y rotuladores de punta fina que prestan un trazo estable y se pueden encontrar en diferentes grosores.

De todos modos, en manga la línea suele ser bastante homogénea y no se ven las variaciones en grueso del cómic occidental. Aun así, hay que dominar el trazo y dar cierta profundidad al trabajo con líneas que acaben en punta o trazados más finos de fondo utilizando rotuladores con punta de pincel o plumillas de las que se mojan en tinta.

Si observáis con detenimiento ilustraciones manga, veréis que la línea se va afinando a medida que se acerca al final, este efecto se consigue disminuyendo la presión y alzando la mano, una técnica muy importante que hará que vuestros dibujos luzcan más fluidos y profesionales.

Llegar a entintar correctamente es una técnica especializada muy diferente a la del dibujo a lápiz, por lo que tendréis que practicar mucho. Lo normal es entintar borradores antes de pasar al proyecto final para familiarizaros con el medio. Una vez que dominéis la técnica podréis saltaros el dibujo a lápiz y dibujar directamente con tinta. Para borrar los errores podéis utilizar líquido corrector.

Para agregar color se pueden usar rotuladores, pero con cuidado porque tardan en secarse y los colores se pueden mezclar. Esto, por otro lado, permite que los podáis mezclar y hacer degradados. Se pueden conseguir con doble punta, una gruesa y otra fina. Los rotuladores de punta de pincel son estupendos ya que funcionan igual que un pincel, pero sin tener que mojar en pintura. Una técnica que me gusta mucho es usar seis rotuladores-pincel en diferentes tonos de gris para dibujar una ilustración en blanco y negro con un gran efecto de profundidad.

Ventajas

❯ **Los bolígrafos sencillos se pueden usar igual de fácil que un lápiz.**
❯ **El entintado convierte tu dibujo en algo sólido, claro y llamativo, listo para recibir los colores o el sombreado.**
❯ **Los rotuladores resultan rápidos y sencillos para añadir colores saturados o sombrear sin necesidad de mezclar pinturas y lavar pinceles.**

Desventajas

❯ **Los errores con tinta son imposibles de corregir sin estropear el papel.**
❯ **Para trabajar con tintas y rotuladores hay que usar papeles más gruesos que no se arruguen y no traspasen.**

PINTURAS

Tras el lápiz o la tinta, podéis dar el toque final a vuestras ilustraciones con pinturas, que será lo que realmente hará que el dibujo cobre vida. Para el manga, el medio más adecuado son la acuarela y el acrílico, que son los colores que normalmente se usan en ilustración.

La acuarela proporciona tonos sutiles y delicadas aguadas para dibujos con una tonalidad más fluida y colores menos saturados que con rotuladores.

La acuarela reacciona con el papel de manera muy orgánica, se extiende, se mezcla, reacciona con las pequeñas imperfecciones de manera bastante impredecible. El lápiz, por el contrario, aparece mucho más rígido y mecánico.

Para empezar, tendréis suficiente con una docena de colores y unos cuantos pinceles de diferentes medidas, agua para diluir los pigmentos y limpiar los pinceles y una paleta o para poder mezclar los colores. La acuarela se suele usar sobre lienzo o papel especial para acuarela (gramaje de 300 g mínimo) para evitar que se deforme o arrugue con la humedad.

La ventaja de las pinturas acrílicas es que se secan bastante rápido y producen colores intensos y profundos a la vez que opacos, por lo que se pueden superponer, se pueden pintar detalles más finos encima de otros y también corregir errores. Para principiantes, una caja con unos diez tubos básicos es más que suficiente. Más adelante, cuando ya tengáis práctica, podéis experimentar con diferentes tipos, texturas, consistencias, etc. También necesitaréis agua, una servilleta de papel o tela para limpiar, una paleta para mezclar y pinceles de diferentes medidas. Una vez fuera del tubo, los acrílicos se secan bastante rápido, por lo que podría ser una buena idea comprar una paleta húmeda o realizarla (se pueden consultar tutoriales por Internet).

Se procede a pintar primero áreas grandes con pinceles gruesos y, paulatinamente, se va pasando a los detalles con pinceles más finos. El acrílico es bastante espeso, pero se puede rebajar con agua para conseguir efectos muy similares a los de la acuarela. Es una pintura muy versátil con buen cubrimiento de superficies como papel, lienzo, vidrio, madera, metal o plástico. El acrílico no se adhiere superficies oleosas o cerosas.

Ventajas

❱ **La pintura proporciona más texturas y fluidez que las tintas.**
❱ **El acabado tradicional con pintura no se puede reproducir con ningún otro medio (lápices, rotuladores o digital).**
❱ **A la hora de vender vuestras obras, la acuarela y el acrílico crean obras tangibles con más valor.**

Desventajas

❱ **La pintura es muy difícil de controlar y se necesita experiencia para manejarla.**
❱ **Hay que tomarse el tiempo de preparar y limpiar para poder usarla.**
❱ **Es muy fácil cometer errores que luego no se pueden arreglar/disimular con facilidad (a diferencia de en modo digital).**

Digital

Nadie puede negar que estamos en la era digital: todo se puede crear con ordenadores y usarlos para confeccionar arte está a la orden del día. Seguro que tenéis ordenador portátil, de sobremesa, *tablet* o *smartphone,* y todos ellos son capaces de crear arte digital de calidad con un poco de práctica y perseverancia.

Muchos dibujantes realizan primero sus dibujos con lápiz y tinta a mano, los escanean y completan el coloreado con ordenador o *tablet.* Aunque cada día crece el número de los que lo hacen directamente en formato digital de principio a fin. Muchos artistas se decantan por el programa llamado Adobe Photoshop, tremendamente versátil tanto para fotógrafos como para dibujantes. Yo, de hecho, llevo utilizándolo ya muchos años. PaintTool SAI, Manga Studio y Gimp son alternativas mucho más baratas o gratuitas que también se pueden tener en cuenta.

Ventajas

❱ **Os podéis poner a diseñar directamente sin necesidad de preparativos como afilar lápices o mezclar pinturas.**

❱ **Los errores son muy fáciles de corregir.**

❱ **Se puede imitar una gran variedad de estilos de pintura tradicional sin necesidad de gastar en el equipamiento que se requeriría para hacerlo de forma no digital.**

Desventajas

❱ **Se requiere tiempo y paciencia para aprender a usar nuevos programas.**

❱ **Hacerse con un ordenador/ *tablet* lo suficientemente potente y los programas necesarios es mucho más caro que conseguir materiales tradicionales.**

❱ **Aunque se puede imprimir la imagen final, el resultado no es tan realista o convincente como los métodos tradicionales.**

Otras herramientas útiles

Los maniquís de madera son relativamente útiles porque sus proporciones no son muy realistas, yo prefiero usar figuras de acción con muchos puntos de articulación. Por ejemplo, los Microman de Material Force (empresa japonesa) son geniales para dibujar superhéroes en posiciones muy naturales. Las manos de madera articuladas sí que son útiles en cuanto a proporción y naturalidad.

También podéis usar cualquier cámara digital, la del móvil mismo, para haceros fotos a vosotros mismos, a amigos o diversos entornos y usarlas como referencia futura. Todos los grandes *mangakas* usan modelos o imágenes como referencia alguna vez para conseguir dibujos más ajustados a la realidad. No penséis que se tiene que hacer todo de memoria y sin mirar.

Antiguamente se usaba mucho un cúter o un bisturí para cortar las tramas adhesivas que se usaban para crear los tonos intermedios o los degradados del manga. Con todo, hoy en día, la mayoría de las tramas se aplican digitalmente.

Una caja de luz *(lightbox)* es muy práctica para calcar un borrador en otro papel o para entintar en una hoja diferente. Yo suelo fijar la hoja en cada esquina para que no se mueva con cuatro trozos de cinta adhesiva removible, cinta de enmascarar o *washi tape*. También fijo las hojas a cualquier otra superficie de trabajo (tablero de diseño, mesa de dibujo, etc.).

Cabezas

Crear una cabeza no debería causaros mayores problemas, ya que se crea a partir de un círculo para la parte superior y dos líneas que se tocan en la barbilla. El estilo manga en el que trabajemos así como la edad, el sexo y el físico del personaje determinarán el tamaño y la forma de la cabeza.

El tamaño de la cabeza es uno de los factores más determinantes de vuestros personajes, ya que establece cuánto detalle podréis añadir a la cara y cómo de grande será el resto del cuerpo, así como el tamaño del resto de los personajes y de objetos que dibujéis alrededor.

Cuando yo estudiaba, mis profesores me recomendaron que dibujara primero los ojos de mi personaje para luego crear la cara alrededor. No creo que haya nada malo en ese método, pero a mí, particularmente, me hacía perder de vista la proporción y acababa haciendo unos ojos súper detallados en una cara muy grande y el resto del personaje no me cabía en el papel, así que tenía que borrar todo lo que había hecho y empezar otra vez. Por lo que ahora, siempre empiezo por dibujar una especie de círculo, más bien un huevo, para determinar dónde va a estar la cara en la página y cómo de grande tiene que ser. Partiendo de aquí puedo distribuir mejor el resto de los elementos, y si no estoy satisfecho, lo puedo borrar y modificar el tamaño mucho más fácilmente que si hubiera dibujado la cara completa siguiendo el otro método.

En este capítulo vamos a ver paso a paso cómo construir caras de frente, tres cuartos y perfil. También encontraréis una selección de cabezas estilo manga para usarlas como referencia o modelo.

Caras desde diferentes ángulos

Para los que principiantes, recomiendo empezar a dibujar las caras de frente para poder medir mejor las proporciones faciales generales como la distancia entre boca y barbilla o entre orejas y ojos. No olvidéis dibujar el primer círculo de la cara bastante suave para que se pueda borrar con facilidad y no interfiera con el resto de las marcas. Observad los ejemplos de esta página; los rasgos faciales de una persona pueden variar mucho en la vida real y mucho más en el manga. Tomad el tamaño de los ojos como medida de referencia; por ejemplo, la altura de la cabeza puede ser la misma que cuatro ojos en línea; o la distancia entre pestaña superior y coronilla puede ser la misma que entre pestaña inferior y barbilla. Usar un punto de referencia de la misma cara es mucho más fácil que tratar de crear un rostro adivinando las proporciones.

Una vez que estéis contentos con la cara dibujada de frente, podéis pasar a dibujarla de lado. La mayoría de las viñetas o ilustraciones manga presentan a los personajes de frente, así que introducir rostros de lado puede hacer que se vean muy diferentes. En escenas de acción especialmente las vistas frontales restan espontaneidad y dinamismo. Y lo mismo se puede decir del resto del cuerpo del personaje. Por eso, si he dibujado una cara de frente, intento que el cuerpo esté ligeramente girado para que la pose no se vea tan rígida.

Las cabezas y las caras son unas de las partes más difíciles de dibujar, ya que es en lo que primero nos fijamos todos. Veremos enseguida si una frente es demasiado ancha o una barbilla demasiado larga. El manga da cierta libertad estilística para crear rostros que no son del todo realistas, pero siempre dentro de una proporcionalidad realista.

Con toda su dificultad, las caras son uno de los aspectos más satisfactorios de la creación de personajes. Ya os podéis dedicar horas a dibujar la más mínima arruga de un dedo con precisión realista, que éste nunca resultará tan vistoso como una ilustración de una cara o una cabeza y unos hombros, aunque no esté tan detallada.

A continuación os presento diferentes estilos y ángulos que podéis estudiar como referencias.

❰ Cuando la cabeza se inclina hacia delante, las facciones se desplazan hacia abajo mientras que las orejas suben. La coronilla queda al descubierto.

❱ Las cejas están aproximadamente a la misma altura que la parte superior de las orejas.

❰ Cuando la cabeza se eleva, las facciones suben, mientras que la altura de las orejas se reduce. Queda a la vista la parte inferior de la barbilla.

❱ Cuanto más se gire la cabeza hacia la izquierda, más pequeño se verá el ojo izquierdo y viceversa.

❰ Fijaos en la suave curva al lado del ojo, no se hace con un semicírculo, sino que la línea entra un poco en la cuenca del ojo.

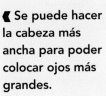

Se puede hacer la cabeza más ancha para poder colocar ojos más grandes.

Por norma general, los personajes tienen cabello, aun así, no olvidéis la forma correcta de la cabeza, para luego poder colocarle el cabello en la posición y altura correcta.

Si se alza la barbilla en una vista de tres cuartos, las facciones se tienen que dibujar en un ángulo diagonal.

Si exageráis y jugáis con las proporciones crearéis rostros monstruosos.

Cabezas más grandes respecto al cuerpo quedan bien con niños y dan un aire *kawaii* al personaje.

Acordaos de usar líneas guía. Horizontales paralelas para mantener la simetría en ojos y orejas. Todo esto se borrará cuando el dibujo esté acabado.

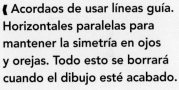

La forma y el tamaño de las orejas manga se asemejan a las reales, aunque, a veces, se hacen más grandes o se simplifican.

La parte trasera de la cabeza es igual que la delantera sólo que sin facciones ni barbilla.

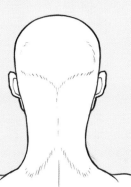

Los personajes manga tienden a tener ojos grandes, bocas y narices pequeñas, pero esto no siempre se cumple. Los masculinos pueden tener ojos más pequeños y bocas más grandes. Y los de más edad, los malos o los musculados suelen tener detalles mucho más marcados.

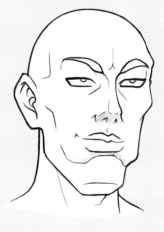

Agachar la cabeza hace que las cejas se acerquen a los ojos.

Alzar la barbilla hace que la punta de la nariz se acerque a los ojos.

Diseñando una cabeza femenina: vista frontal

1 Empezad trazando flojo un círculo. Seguid con una línea en medio para mantener la simetría; esta continúa un poco por debajo del círculo para poder medir el cuello y los hombros. Estoy usando rojo para que se vean mejor los pasos, pero todo esto se haría normalmente con suaves trazos de lápiz.

2 Desde cada lado del círculo, bajad dos líneas que se convertirán en diagonales hasta que se toquen en la barbilla. Aunque en el manga las caras son bastante puntiagudas, hay que redondear los ángulos para que no queden cuadrados.

3 Añadid más líneas guía sin apretar el lápiz para marcar el inicio de la nariz, la parte superior e inferior de los ojos y la boca. Las cejas estarán en la mitad del círculo. Dividid su parte inferior en tres, los ojos ocuparán el tercio central. La parte superior atravesada por la vertical marcará el remolino principal donde nace el cabello, mientras que las orejas estarán más bajas que la línea de las cejas.

4 Empezad a definir las facciones detallando la forma de los ojos, añadiendo las orejas y marcando las cejas con sendas curvas a cada lado. Los lados del cuello están en línea con el centro de los ojos paralelos y equidistantes a la línea del medio. Para unir el cuello a los hombros no se hace en ángulo recto, sino con curvas suaves. Las clavículas son dos líneas un poco inclinadas entre los hombros y la línea central.

5 Borrad las líneas guía y añadid el pelo agrupándolo en mechones. Los mechones son de largo parecido en el flequillo y van aumentando a medida que nos acercamos a los lados de la cabeza. Los mechones acaban todos en punta hacia abajo. Puede que las orejas queden cubiertas de pelo.

6 Éste sería el borrador final a lápiz. He añadido más detalles a los ojos, mechones más pequeños a la cabellera y algunas líneas debajo de los ojos para dar cierto sonrojo a la piel. En este punto podríais añadir un poco de sombreado en algunas partes para detallar todavía más. Como voy a entintar y colorear la cabeza he prescindido del sombreado.

7 Para el entintado se puede hacer sobre el lápiz del paso previo o en una hoja nueva calcando. También se puede escanear y realizar el entintado con una tableta gráfica y el ordenador.

8 A continuación elegiremos nuestra gama de colores. Dependiendo del medio que uséis, los colores se aplicarán de manera distinta. Para pintura o formato digital, primero aplicamos los tonos planos y luego sombreamos. Alternativamente, se podría hacer al revés, empezar con los tonos más claros e ir añadiendo tonos más oscuros progresivamente como en los pasos 9 y 10. En el anime, el color del cabello de un personaje no suele ser realista y puede dar pistas sobre su personalidad. Yo he elegido el color verde, que junto con los ojos grandes le dan al personaje un aire de persona cariñosa, amable y honrada. Por otro lado, pelo verde con una cara alargada y ojos pequeños serviría para indicar un personaje avaricioso y egoísta.

9 Considerando que la luz está a la derecha, las sombras irán a la izquierda. Usad tonos más oscuros de los mismos colores. Las sombras tienen que ser más pronunciadas bajo la barbilla y en el cuello, pero las mejillas prácticamente irán sin sombrear. Cada mechón de pelo lleva su propia sombra para crear un efecto tridimensional.

10 El último paso consiste en dar otra sombra extra con un tono más oscuro todavía para añadir más profundidad. También he puesto realces en los mechones, unas líneas en un tono más claro, para que luzca más brillante. Para terminar, he añadido detalles a las pupilas.

Diseñando una cabeza masculina: vista de tres cuartos

1 Dibujamos un círculo y añadimos la curva que marcará la mitad de la cara. Como está mirando a la derecha, no la ponemos en el medio, sino dos tercios más a la derecha. Marcamos dónde queda la barbilla.

2 Dibujamos el pómulo con una diagonal a la derecha y alargamos el lado de la cara hasta la barbilla. A la izquierda dibujamos la mandíbula como dos diagonales en ángulo igual que en el dibujo. La parte superior corta el círculo de arriba abajo; la oreja la haremos a su izquierda.

3 Seguimos con líneas tenues para marcar dónde quedan los ojos, las cejas, la nariz, la boca y las orejas. El parpado inferior queda a medio camino entre la barbilla y la coronilla. Debido al ángulo de la posición, la oreja derecha no se ve y las facciones de ese lado son más estrechas que las del izquierdo.

4 Empezamos a definir las facciones; añadimos la nariz con la perspectiva adecuada, colocamos los ojos entre las líneas guía, colocamos las cejas y la oreja. Para el cuello dibujamos una línea desde el centro de la barbilla y otra desde el centro de la oreja. Hacemos dos líneas diagonales para indicar el trapecio (músculo entre el cuello y el hombro). Indicamos también el remolino principal desde donde empezaremos el cabello.

5 Borramos las líneas guía y pasamos a completar el cabello con mechones triangulares gruesos para suavizar las facciones. Serán todos de una longitud parecida y en la misma dirección (en este caso arriba-derecha). Después, detallamos la oreja. Los labios son bastante simples, con la línea media más marcada y una pequeña línea paralela debajo insinuando el labio inferior. Añadimos algunas líneas inclinadas al cuello para mostrar los tendones y las clavículas.

6 Aquí os muestro el borrador a lápiz. He refinado la ilustración añadiendo detalles a los ojos y mechones más pequeños a la cabellera, también he suavizado los ángulos. Si no queréis entintarlo, estaría bien añadir sombras, degradado y tramas para aumentar la sensación de detalle. Pero como yo pretendo pasarlo a tinta no lo he hecho.

7 Para dar el aspecto limpio y acabado final entintamos encima del esbozo o en otra hoja calcando. También se puede escanear y realizar el entintado con una tableta gráfica y el ordenador.

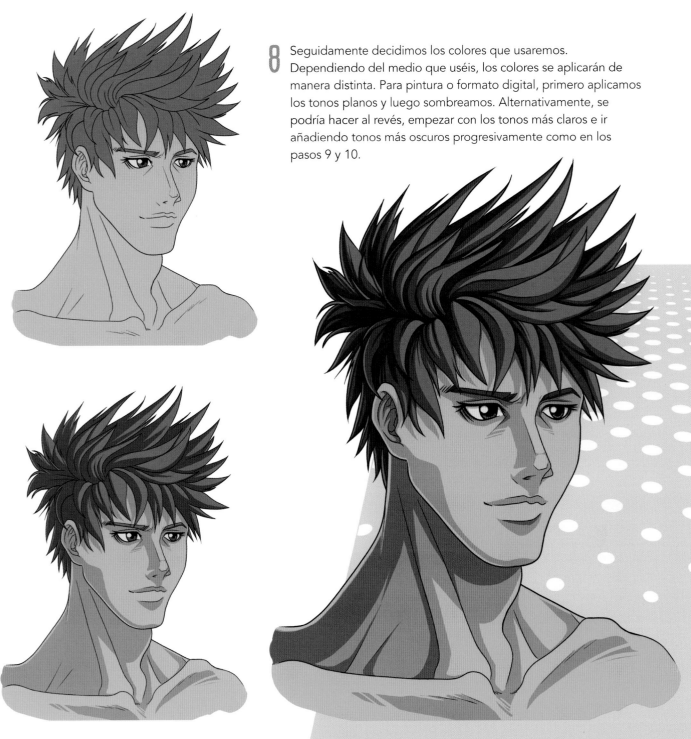

8 Seguidamente decidimos los colores que usaremos. Dependiendo del medio que uséis, los colores se aplicarán de manera distinta. Para pintura o formato digital, primero aplicamos los tonos planos y luego sombreamos. Alternativamente, se podría hacer al revés, empezar con los tonos más claros e ir añadiendo tonos más oscuros progresivamente como en los pasos 9 y 10.

9 Si la luz está a la derecha, las sombras irán a la izquierda. Usad tonos más oscuros de los mismos colores. Las sombras tienen que ser más pronunciadas bajo la barbilla y en el cuello, sin olvidar la sombra del pelo en la parte superior de la cara. Cada mechón de pelo lleva su propia sombra y debe ser más oscuro en la izquierda para crear un efecto tridimensional.

10 El último paso consiste en dar otra sombra extra con un tono más oscuro todavía en piel y cabello para añadir más profundidad. En este caso no he dado una tercera tanda de sombreado ni realizado realces más claros, aunque sí he añadido detalles extra a los ojos.

Diseñando una cabeza masculina:
vista de perfil

1 Dibujamos un círculo a lápiz aplicando poca presión. Continuamos con una cruz no en el centro, sino un poco por debajo y a la derecha, nos servirá como guía para posicionar la oreja y la boca.

2 Dibujamos un rectángulo elevado hacia el centro y con las esquinas romas. Esto delimitará la nariz, la boca y la barbilla; la línea azul indica las proporciones para la parte superior de la nariz y la mandíbula.

3 Ahora ser pueden añadir más líneas guía para indicar dónde quedarán los ojos, la parte superior de las cejas, la nariz y la boca. La parte inferior de la nariz se alinea más o menos con la parte inferior de la oreja. La parte de arriba de la oreja queda un poco más alta que la ceja y el ojo se dibuja en el rectángulo de la izquierda.

4 Creamos más rasgos faciales dándole la forma al ojo y arqueando la ceja por encima. La parte más complicada es el contorno de nariz y barbilla, así que tened mucho cuidado con no hacer líneas demasiado rectas y darle las curvas sutiles que constituyen esta parte del rostro. Dibujad el cuello a partir de una línea que salga desde la mitad de la barbilla y desde la línea que corta el círculo por detrás. He añadido una pequeña señal para la línea del cabello, aunque seguramente no se verá con la abundante cabellera de este personaje.

5 Borramos las líneas guía y empezamos a añadir el cabello de manera simplificada, en grandes mechones que interfieren con las líneas de la cara sin llegar a ocultar el ojo. Añadimos las clavículas y el tendón del cuello.

6 Éste sería el borrador final a lápiz. Continúa perfeccionando el dibujo dividiendo el cabello en mechones más pequeños para reflejar el flujo y la dirección del cabello. He añadido más detalles al ojo y a la oreja. En este punto podríais añadir sombreado en algunas partes para detallar todavía más si no vais a entintar el dibujo final.

7 Para el entintado se puede hacer sobre el lápiz del paso previo o en una hoja nueva calcando. También se puede escanear y realizar el entintado con una tableta gráfica y el ordenador. En este caso, es lo que yo he hecho usando el programa PaintTool SAI.

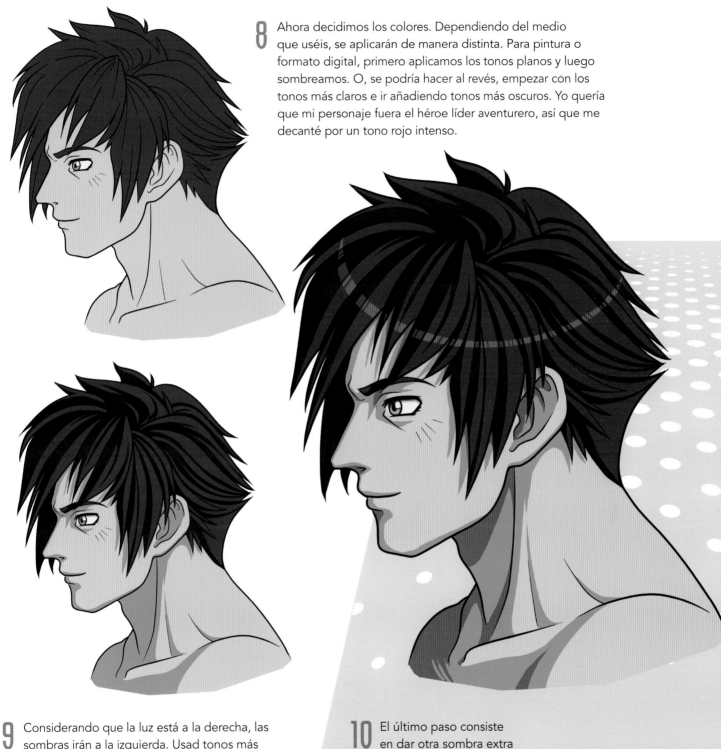

8 Ahora decidimos los colores. Dependiendo del medio que uséis, se aplicarán de manera distinta. Para pintura o formato digital, primero aplicamos los tonos planos y luego sombreamos. O, se podría hacer al revés, empezar con los tonos más claros e ir añadiendo tonos más oscuros. Yo quería que mi personaje fuera el héroe líder aventurero, así que me decanté por un tono rojo intenso.

9 Considerando que la luz está a la derecha, las sombras irán a la izquierda. Usad tonos más oscuros de los mismos colores. Las sombras tienen que ser más pronunciadas bajo la barbilla y en el cuello y también hay unas cuantas sombras sutiles en la cara. Cada mechón de pelo lleva su propia sombra para crear un efecto tridimensional.

10 El último paso consiste en dar otra sombra extra con un tono más oscuro para añadir más profundidad al pelo y la piel. Para terminar, he añadido detalles sutiles al ojo, en especial en la pupila.

Caras

En la vida real, las caras muestran gran variedad de tamaños, formas, rasgos, etc. A pesar de su aparente simplicidad, el manga admite el mismo tipo de variedad, lo que se consigue normalmente mediante la exageración. En el capítulo anterior vimos cómo se construía una cabeza completa y ahora vamos a centrarnos en los rasgos individuales que se utilizan para crear diferentes personalidades, ya que podemos indicar si un personaje es joven, viejo, bueno o malo alterando las características faciales.

En los últimos años, la gente ya está familiarizada con los diferentes estilos que hay dentro de la misma corriente del manga. No tienen el mismo diseño los personajes de *Pokémon* que los de *Dragon Ball Z*, lo que no influye en su popularidad. Con todo, dentro de la inmensa variedad de estilos del manga, hay algunos compartidos que son los que hacen al manga fácilmente distinguible de los cómics y los dibujos animados producidos en Occidente. El manga es mucho más gráficamente ilustrativo, no usa muchas líneas y sombreados como en los cómics estadounidenses de Marvel, sino que simplifica y estiliza las caras con líneas sencillas, claras y elegantes. Cuando el personaje debe mostrar sus emociones, esto se puede lograr con muy diversas expresiones exageradas. Los ojos grandes con bocas y narices hipersimplificadas pueden parecer fáciles de dibujar inicialmente, pero requieren de un método para que queden bien, seguid leyendo a continuación para conocerlo con más detalle.

Ojos

Un elemento clave del estilo manga son los ojos, ya que son los que brindan emoción a vuestros personajes y los convierten en únicos. Seguramente os divertiréis mucho dibujando ojos para practicar, pero cuidado, porque tienen que ser simétricos, igualados y estar colocados en el lugar correcto. Normalmente se dibujan en la mitad inferior del rostro (por debajo de la línea divisoria) y con la medida de un ojo de diferencia entre los dos. Puede que tengáis que ensanchar un poco la cabeza para acomodar los ojos si los hacéis realmente grandes.

Podéis elegir el grado de detalle que les daréis a los ojos; como las narices y las bocas no son muy detalladas, muchos dibujantes lo compensan poniendo muchos detalles, colores, brillos y efectos en los ojos para crear un punto focal. Sin embargo, si el personaje va a tener que dibujarse muchas veces en un cómic o una animación, es mejor no complicar excesivamente los ojos.

Mucha gente reconoce el estilo manga por sus ojos «grandes como platos», pero éstos pueden hacerse de muchas formas diferentes sin apartarse de la estética manga. He dibujado unos cuantos ejemplos para que tengáis algunas referencias.

❰ Podéis crear villanos y demonios fácilmente con sólo variar iris, pupila o colores.

❰ El efecto brillante se logra con una bolita blanca que contraste con la pupila y el iris.

❱ El párpado cubre la parte superior del iris excepto en expresiones de sorpresa con los ojos muy abiertos.

❰ Los villanos suelen tener pupilas pequeñas como puntos. Esto también se usa para denotar susto o sorpresa.

❱ Inclinad la ceja hacia la nariz para crear aspecto de enfado o confianza. Si lo hacéis en dirección contraria, crearéis una expresión preocupada o sumisa.

❰ Con los ojos cerrados, el párpado superior toca el inferior.

❰ Siempre se puede añadir sombra alrededor de la cuenca ocular para crear algo de profundidad.

❰ Se pueden añadir pestañas sencillas en el extremo del párpado superior. Para crear un aspecto más femenino, añadid más pestañas o hacedlas más grandes.

❰ En lugar de un círculo, usad un óvalo o un haba como reflejo para crear ojos más monos y brillantes.

❱ Las pupilas más grandes sugieren inocencia y juventud.

❱ Bajad un poco el párpado para un aspecto calmado y despreocupado.

❰ Las cejas, especialmente para los personajes femeninos, se limitan a una línea curvada y fina como una brizna de hierba.

❰ Los iris son más oscuros arriba y se van aclarando a medida que bajamos, simplemente como efecto o para indicar la sombra de las pestañas sobre el ojo.

❰ Los ojos se pueden dibujar con variantes de formas sencillas como almendrados, diamantes, o círculos.

❰ Los ojos masculinos son normalmente más estrechos y más angulares que los femeninos.

❰ Las pestañas se pueden simplificar con un trazo grueso alrededor de los ojos.

❱ Los ojos más realistas son almendrados.

Dibujando ojos

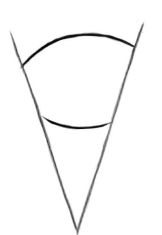

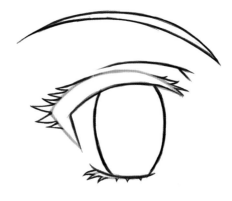

1 Comenzamos con el ojo izquierdo; primero unas líneas guía en forma de V para ayudarnos con el largo del párpado superior en relación con el inferior. Dentro de esas líneas colocamos dos curvas opuestas para delimitar el ojo con la línea superior, que acaba un poco más baja del lado izquierdo.

2 Dibujamos un óvalo incompleto entre las dos curvas, cortando los extremos superior e inferior. Dibujamos una curva más corta paralela a la curva superior para hacer el párpado. La parte derecha acaba con forma de Y. Seguidamente, trazamos dónde irán las pestañas (indicado con azul en mi dibujo).

3 Añadimos detalle a las pestañas; yo lo hago con 3-6 puntas sobresaliendo de los extremos, siempre más grandes en la parte de fuera que en la parte de dentro (sólo con 1-3 puntas). Trazamos la curva de la ceja encima; tratándose de un ojo femenino, una «brizna de hierba» curvada resulta suficiente.

4 Seguidamente, limpiamos las líneas guía. Yo, en este caso, he entintado para dejar las líneas mucho más claras. Ahora pasamos a la parte más divertida: elegir los colores. Elegimos un tono base. En este caso, he optado por el azul.

5 Rellenamos la pupila y añadimos las sombras a la parte superior y alrededor del iris como en el modelo. Para el blanco de los ojos, mejor usar un blanco roto, ya que el blanco puro resalta demasiado. Es mejor matar el blanco con un poco de azul, lila o gris. Añadimos sombra debajo de las pestañas y seguimos con la ceja en el color de nuestra elección.

6 Empezamos a difuminar los tonos más oscuros tratando de crear un efecto degrado en el iris desde el negro de arriba al azul, con el tono más claro en la parte central inferior.

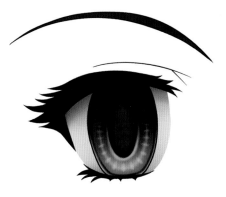

7 Añadimos reflejos en el iris para darle luminosidad con un tono más claro en el borde y alrededor de la pupila. Luego agregamos líneas más claras en el medio entre la pupila y el borde.

8 Para hacer que los ojos parezcan más brillantes, añadimos dos puntos de luz que pueden ser sólidos o con un poco de degradado en la parte superior: un círculo grande en la esquina, otro más pequeño en diagonal debajo y dos líneas en la esquina opuesta.

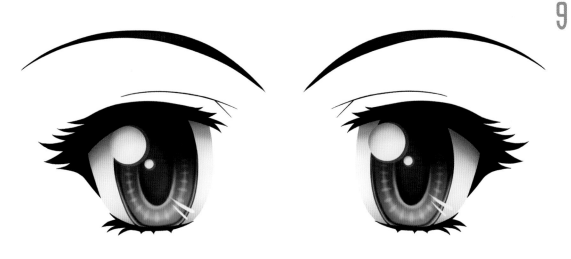

9 Ahora pasamos a realizar el otro ojo, aunque normalmente se van dibujando y coloreando al mismo tiempo. Como la fuente de luz está a la izquierda, recordad añadir los puntos de luz a la izquierda del otro ojo. Si estáis trabajando en digital, un simple cortar, copiar y reflejar no será suficiente, hay que arreglar los puntos de luz.

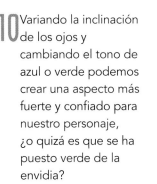

10 Variando la inclinación de los ojos y cambiando el tono de azul o verde podemos crear una aspecto más fuerte y confiado para nuestro personaje, ¿o quizá es que se ha puesto verde de la envidia?

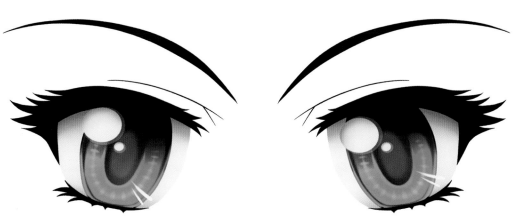

Narices, bocas y orejas

A pesar de que el manga no enfatiza mucho las narices, bocas y orejas, siguen siendo piezas clave que requieren de consideración. De hecho, hay que tener muy buena mano para lograr que con unas cuantas líneas quede una boca perfecta para esa cara. Puede que baste sólo con una minúscula sombra triangular para indicar una nariz, pero la distancia entre ésta y la boca u otras partes del rostro determinará si el personaje acaba con proporciones convincentes o, por el contrario, se ve raro.

Las vistas frontales en particular permiten al dibujante usar el mínimo de líneas y sombras para crear una nariz y una boca. Entre los múltiples subestilos manga hay algunos que precisan de más detalle y realismo. En cualquier caso, se busca una aproximación minimalista, por lo que a diferencia de los estilos más realistas no se necesita gran cantidad de líneas y sombras para una expresión, a no ser que se trate de personajes más viejos.

A la derecha he incluido una serie de ejemplos para daros una idea de diferentes estilos, así como la manera de simplificar para conseguir un estilo manga:

❬ Las narices de perfil se pueden realizar con un triángulo muy puntiagudo o con un contorno más redondeado. La apertura de la boca no suele tocar la línea del perfil.

❬ Los perfiles o los tres cuartos pueden enseñar un colmillo más puntiagudo, que indica malas intenciones o intenciones ocultas.

❬ La perspectiva de la cara determina si se ven más dientes superiores que inferiores.

❬ En los perfiles, las narices pueden ser redondeadas o irrealmente puntiagudas.

❬ Muchos de estos ejemplos valen tanto para hombre como para mujer.

❭ Labios completos redondos y gruesos como éstos no se utilizan casi nunca.

❬ En las bocas abiertas no se dibujan los dientes con todo detalle.

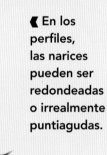
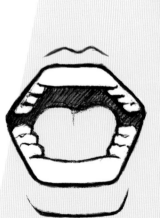

❮ Los hombres suelen tener narices más largas y angulares.

❯ Si la cara se inclina hacia atrás y se ve la nariz desde abajo, no se hacen los agujeros de la nariz, sino que se insinúan con sendas líneas cortas.

❮ Las bocas manga suelen ser minúsculas si no están abiertas, sobre todo en niños y mujeres.

❯ La boca puede ampliarse con la sonrisa o al abrirse, pero el labio superior siempre está en una posición fija y es el labio inferior el que se mueve para abajo.

❯ Las bocas cerradas se pueden dibujar con una sencilla línea o mostrar un hueco en el medio.

❯ Las narices y las orejas tienen la misma forma siempre independientemente de la expresión facial que se adopte.

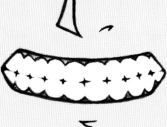

❯ Los personajes femeninos suelen tener narices más pequeñas y menos definidas.

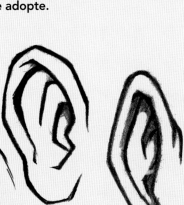

❮ Hay que aprender a dibujar orejas para los casos en los que los personajes no las cubran con el cabello.

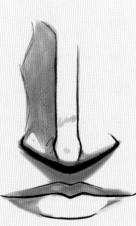

❮ Los labios superiores se suelen dejar sin dibujar excepto en los estilos más realistas.

Expresiones y emociones

Se pueden crear emociones o ayudar a contar una historia alterando los rasgos faciales. El manga ha desarrollado un lenguaje visual único que plasma una plétora de estados emocionales. Esta iconografía manga se expresa a través de rasgos simples y exagerados que sirven para dibujar momentos cómicos y aligerar la trama. Aunque las expresiones más exageradas y cómicas no aparecen en todos los mangas, se ven mucho en obras tan conocidas como *Full Metal Alchemist*, *Azumanga Daioh* y *One Piece*. Como resultado de la creciente popularidad del manga, el cómic y la animación occidentales han empezado a adoptar también los indicadores emocionales del manga. Os presento a continuación una selección de expresiones típicamente manga reconocibles para cualquier lector aficionado al género.

FURIOSO

Los enormes ojos de Spiderman y la cómica boca de monstruo indican que este chico está superenfadado. Se puede mostrar más rabia todavía con unas líneas sobresaliendo en forma de cruz en la parte superior de la cabeza.

INDIFERENTE

Sendos rostros muestran una expresión genérica para situaciones de tranquilidad y confort. Estas dos caras me van a servir de base para ilustrar cómo con sólo modificar un poco algunos rasgos fáciles se puede indicar toda una gama de emociones.

ESTUPEFACTO

Cuando un personaje está sorprendido se agrandan los ojos, pero con pupilas reducidas a puntos. Se añade sombra con un tramado de líneas verticales bajo los ojos o entre éstos para expresar todavía más ansiedad o incredulidad.

AVERGONZADO

Ese sentimiento de llegar a clase o a la escuela y darte cuenta de que no llevas los pantalones puestos. Se combinan ojos felices, pero con las cejas invertidas y el imprescindible gotoncio de sudor para completar la expresión.

FRUSTRADO

Esto se indica habitualmente con los ojos en forma de ><. La boca es un rectángulo desproporcionado indicando un berrido. Esta expresión se da cuando no has grabado tu trabajo en el ordenador y de repente se va la luz, también se puede usar para indicar dolor, como si le hubiera pasado un coche por encima del dedo gordo del pie.

FELIZ

Si vuestro personaje está satisfecho o contento consigo mismo, haced que sus ojos sean unas sonrisas invertidas. Algunos personajes casi siempre tienen estos ojos, lo que muestra su buenísima predisposición y amabilidad. No os olvidéis de la sonrisa en la boca. Se pueden poner también líneas paralelas de sombreado o coloretes rosa en las mejillas para hacer que parezcan un poco achispados o borrachos.

ROMÁNTICA

Con líneas finas de trama o un poco de rubor se puede mostrar que el personaje siente algo por otro o que estos sentimientos le dan vergüenza. Esto se puede indicar con dos marcas bajo los ojos o extenderlo por encima de la nariz como en el ejemplo.

ENAMORADA

Vale para indicar amor por una persona o que una cosa le encanta. Para ello, se le ponen corazones en los ojos y volando por encima de la cabeza. Para un gritito extra de emoción se le puede dibujar una boca de gato alargada y abierta.

DORMIDA

Los ojos irán cerrados. La boca está entreabierta con un círculo que simboliza la baba que se le cae. Se le puede añadir ZZZ encima de la cabeza. En el manga también es muy común ponerle una pompa de moco saliéndole de la nariz, sobre todo en casos de sueño inapropiado como en clase o en el trabajo.

SUSPIRO

Invertid las cejas y dibujad los ojos como dos curvas como si estuvieran cerrados. También hay que añadir una especie de seta saliendo de la boca para indicar el aire que se expulsa con el suspiro.

CONFUNDIDA

Esto se puede indicar de manera simple inclinando una ceja más que le otra, pero para enfatizar la emoción y darle un tono más cómico se le pueden poner ojos redondos y un signo de interrogación en un lado de la parte superior de la cabeza.

MALAS INTENCIONES

Ideal para personajes que van a ser traviesos, malvados, psicóticos, o terribles. Se oscurece la parte superior de la cara con sombra, tramado o un tono azul. Con ojos con los mismos círculos que para la confusión y una sonrisa monstruosa indicaremos que se trata de una expresión exagerada de tono cómico.

LLORANDO

Puedes realizar esta expresión con dos lágrimas en la esquina de cada ojo o con un efecto más cómico de cascada de lágrimas, dibujando cuatro líneas onduladas como en el ejemplo. Invertid las cejas para añadir más tristeza al personaje.

OTROS RASGOS A TENER EN CUENTA

❱ Bajar la cabeza o arquear la espalda puede indicar tristeza o abatimiento.

❱ Un tono azul en la frente o alrededor de los ojos puede indicar disgusto, tristeza o depresión.

❱ Fondo de flores en primer plano puede mostrar romance o un momento hermoso.

❱ Un fantasma ondulante saliendo de la boca puede representar horror, depresión o vergüenza extrema de modo cómico.

❱ Chispas o estrellas en el fondo muestran que acaba de tener una idea genial.

❱ Rasgos faciales simplificados y ausencia de nariz se usan para indicar estupefacción.

❱ Caerse al suelo, normalmente con una o más extremidades levantadas por encima del cuerpo, indica de manera graciosa que se ha dicho o hecho algo inesperado o que algo repentino acaba de ocurrir.

❱ Se puede mostrar dónde se han hecho daño con una inflamación exagerada redonda y grande como una manzana.

❱ Las cejas o los párpados contraídos indican que un personaje está conteniendo frustración o furia.

❱ Una hemorragia nasal en un personaje masculino indica atracción sexual, los agujeros de la nariz a veces se agrandan para indicar lo mismo.

❱ Cuando un personaje se marea o está confundido se sustituyen los ojos por espirales.

❱ Para situaciones irónicas o especialmente humorísticas, los personajes se cambian por sus versiones *chibi* (versiones infantiles más pequeñas con la cabeza grande y el cuerpo pequeño).

Cabello

La dificultad a la hora de dibujar el cabello puede variar de relativamente fácil a compleja dependiendo de vuestro estilo y como elijáis simplificarlo. Al igual que con los ojos, el manga pone más detalle en el cabello femenino, de manera que las largas cabelleras acaban con flequillos y gran cantidad de mechones intrincados al viento superponiéndose. El truco consiste en dividir el cabello en secciones y trabajar por partes para que no os agobie.

Es importante echar un vistazo a revistas y webs de moda o peluquería para conseguir modelos de peinados convencionales o exagerados. También es imprescindible practicar dibujando con el máximo posible de estilos hasta encontrar los básicos a los que siempre podréis recurrir. En el manga resultan muy comunes los mechones acabados en punta, sobre todo para los flequillos que cubren parte de los rostros.

❰ Para conseguir un resultado más dinámico, dadle un poco de movimiento al pelo y dirigidlo hacia un lado de la cara.

❰ Coletas y moñitos son un estilo muy utilizado en personajes de niñas o chicas jóvenes. Un flequillo lleno de picos cubriendo parte de las cejas se ve mucho y es, además, bastante fácil de dibujar, por lo que, sin duda, usaréis mucho este peinado.

❰ Necesitaréis mucha más práctica para los peinados más complicados; empezad con secciones grandes de pelo antes de añadir las más pequeñas y detalladas.

❱ Para crear formas interesantes en los peinados que sobresalen no se requieren muchos detalles.

◀ Para personajes ricos y elegantes podéis usar peinados engominados hacia atrás.

◀ No olvidéis dónde queda la línea de pelo. Una vez que la hayáis establecido, aseguraos de que el cabello nace por detrás de ella. Las líneas de pelo son más una M suave que una horizontal completamente recta. Cuando la cabeza mira hacia abajo, la línea de pelo se situará más baja, y viceversa.

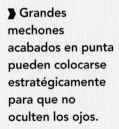

▶ Grandes mechones acabados en punta pueden colocarse estratégicamente para que no oculten los ojos.

▶ Una cabellera desordenada puede resultar superestilosa. Puede ser algo deliberado o que al personaje le ha caído un chaparrón.

▶ Para aquellas chicas un poco más masculinas podéis usar pelo corto con un contorno fino y detallado, pero sin entrar en mucho detalle dentro del contorno o simplemente usando sombreado básico para añadir relieve.

▶ Si estáis creando un grupo de personajes, incluid algún chico con pelo largo para que resulten mucho más diversos y variados.

▶ Los peinados que desafían la gravedad son bastante usuales. Probad con un flequillo en cascada y mechones en punta por detrás.

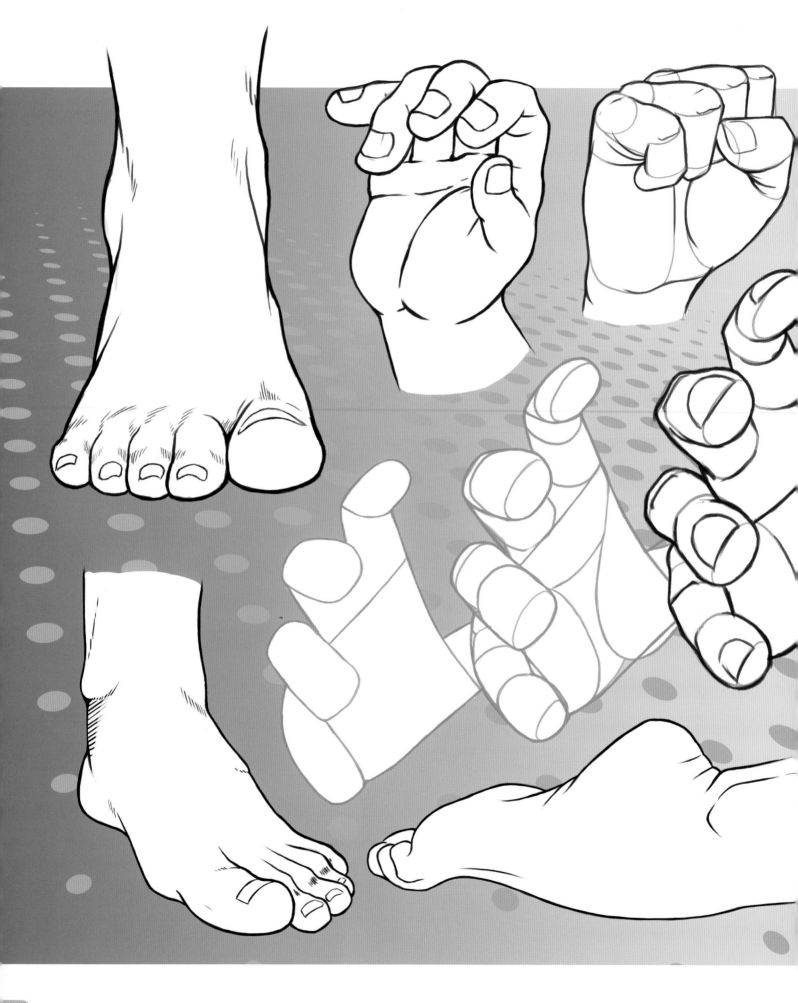

Manos y pies

Las manos resultan imprescindibles para indicar las intenciones de un personaje o simplemente para hacer que una imagen resulte más interesante. En Japón, la mayoría de los retratos suelen incluir un gesto con una o las dos manos; esto se ve en los anuncios, los selfis, las portadas de las revistas y también en el manganime. De hecho, la mayoría de los japoneses, sobre todo los jóvenes, posan haciendo una V con los dedos en lo que ellos denominan el símbolo de la paz, lo que ayuda a expresar alegría y a dar dinamismo a los personajes.

La primera vez que os pongáis a diseñar manos y pies puede que os parezca una tarea imposible; cada dedo tiene que estar bien proporcionado y se necesita entender bien cómo funcionan todas las articulaciones. También resulta complejo dibujar los detalles de los dedos, que resultan muy pequeños en proporción con el resto del cuerpo. Excepto en ilustraciones en formato muy grande, la mano tiene el tamaño de una moneda o menos, lo que da muy poco espacio para dibujar con soltura. Los principiantes suelen poner las manos en los bolsillos o ingeniárselas para que queden ocultas, lo cual no está mal si habéis llegado a este libro con muy poca experiencia de dibujo de personajes o si preferís centraros primero en lograr las proporciones corporales. Con todo, cuanto antes os acostumbréis a dibujar las manos y los pies de vuestros personajes siempre, mejor. Unas manos y unos pies bien dibujados hacen que vuestras ilustraciones instantáneamente suban de nivel y se vean más competentes y atractivas.

Para empezar, dibujad en formato grande. Intentad descomponerlos en formas más fáciles de dibujar. Practicad dibujando cilindros interconectados desde diferentes ángulos para lograr entender las perspectivas que pueden crear los dedos en distintas posiciones. Podéis usar como modelo la mano que no utilicéis para dibujar o fotos de vuestras manos y pies en diferentes ángulos.

Manos

Las manos manga aparecen en muy diversos tamaños y formas, pero, a diferencia de los rostros, se suelen mantener cercanas a la realidad en términos de proporción, aunque siempre resultan algo simplificadas. Dibujar las manos es más bien un ejercicio de simplificación y de saber dónde omitir los detalles. Dependiendo del estilo que queráis conseguir, podéis optar por dibujar todas las arrugas y pliegues que se encuentran en una mano real o no hacerlo. A continuación os presento una serie de diversas posturas de manos para que podáis usar diferentes ángulos en la creación de vuestros personajes.

❰ Agrupad los dedos de dos en dos para darles un aspecto más vívido.

❰ Las líneas de la palma muestran por dónde se puede doblar la mano.

❰ Resulta útil dibujar primero los dedos más al extremo (el pulgar y el índice) y pasar al resto luego.

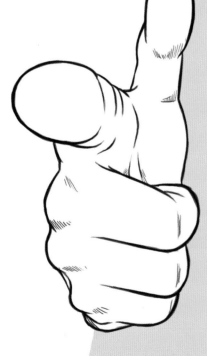

❰ Las manos con dedos apuntando al lector aportan mucho dinamismo. Este tipo de perspectiva se denomina escorzo.

❱ Los dedos se extienden naturalmente como un abanico, no en paralelo.

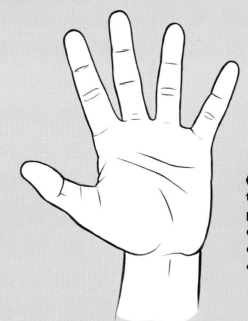

❭ Las uñas no se tienen que dibujar siempre. A veces se pueden omitir completamente o se pueden insinuar con unas líneas cerca de la punta.

❬ No añadáis líneas al tuntún, las líneas son pliegues naturales. Fijaos en fotos y pensad dónde quedan las articulaciones en una mano real.

❭ Las uñas femeninas son más redondas o almendradas, mientras que las masculinas son cuadradas, a no ser que se trate de un demonio…

❭ Los dedos femeninos son normalmente más largos y delicados, mientras que los masculinos resultan más gruesos, sobre todo en individuos mayores.

❬ Algunas manos se pueden dibujar como siluetas. Si se va a sombrear o colorear más tarde, podéis omitir los pliegues, uñas y detalles.

❬ Añadid profundidad colocando las manos en ángulo de manera que los dedos se superpongan unos encima de los otros.

45

Dibujando manos

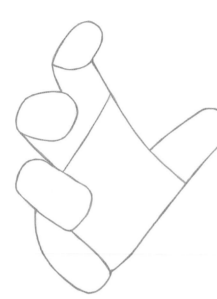

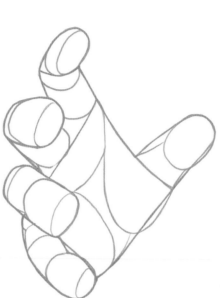

1 Para dibujar una mano abierta dinámica empezamos con las formas básicas para ver cómo quedará de grande en el papel. Pensad en un cuadrado con los dos dedos inferiores superpuestos y el índice extendido. La mano se extiende en dirección al espectador, por lo que la perspectiva hace que los dedos se vean más cortos.

2 Usando las líneas guías, definid los dedos acotando el volumen. De momento seguimos con formas sencillas, como si se tratara de la mano de un robot, ya que esto os ayudará a entender los ángulos y por dónde se doblan los dedos y la mano.

3 Borrad las líneas guía y empezad a seleccionar cuáles de las líneas azules servirán para que la mano resulte más realista. También podéis añadir las uñas a los dedos.

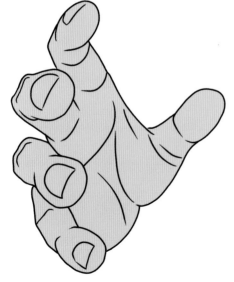

5 Para continuar con el estilo manga, añadid las sombras para crear relieve. Yo he usado una fuente de luz a la izquierda, por lo que las puntas de los dedos se ven más claras y hay sombras debajo de los dedos. Se podría haber sombreado toda la palma, pero mantuve algunas partes más claras para que la mano no se viera demasiado bidimensional.

4 A continuación eliminad todas las guías y limpiad el borrador. En este ejemplo he entintado los contornos para darles más resalte y he añadido un color de base.

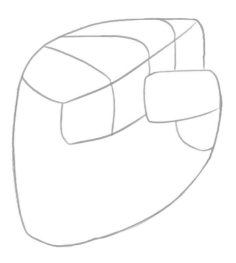

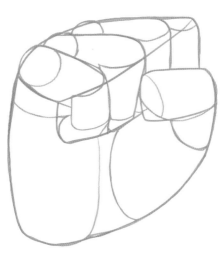

1 Dibujar un puño es como si esculpiéramos los dedos partiendo de un cubo. Empezad con los esbozos iniciales a lápiz para determinar la forma general y la posición de cada dedo. Desde este ángulo cada dedo se superpondrá al siguiente con el pulgar por encima del índice y el corazón.

2 Refinad las guías y cread formas mucho más tridimensionales. Al igual que con la mano extendida, de momento hacedla como si fuera la de un robot, ya que esto os ayudará a entender los ángulos y por dónde se doblan los dedos y la mano.

3 Borrad las líneas guía y empezad a detallar y a añadir curvas sutiles para que la mano se vea más orgánica. Una mano real tiene muchas arrugas cuando se cierra el puño así, pero tampoco hay que reproducirlas todas, ya que el manga tiende a quedar más simplificado.

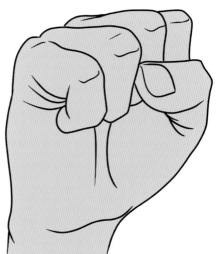

4 A continuación eliminad todas las guías y limpiad el borrador. Entintamos para que el dibujo se vea pulido. Si no lográis que quede lo suficientemente limpio, volved a hacerlo o calcadlo. Luego podéis añadir el color de piel base.

5 Considerando la luz en la parte superior derecha, añadid sombras a la izquierda y debajo con unos cuantos puntos más oscuros para que parezca una luz alta, lo cual dará un aspecto mucho más tridimensional.

Pies

En manga no hay mucha diferencia entre dibujar manos y dibujar pies. En términos de proporción, tanto el largo como el ancho del pie y de los dedos se mantienen parecidos a la realidad. Los pies son ligeramente más fáciles de dibujar que las manos porque los dedos son más cortos y se suelen mantener estáticos, por lo menos cuando los personajes están de pie o sentados. La parte complicada es entender la diferencia entre vista de perfil y vista frontal, ya que de perfil se ve todo el pie a lo largo acabando en punta en los dedos, mientras que en la vista frontal el pie aparece compactado y se ensancha en los dedos.

La mayoría de los personajes que dibujaréis llevarán algún tipo de calzado que reseguirá la forma natural del pie, a menos que usen tacones altos, lo cual hará que los pies se eleven y arqueen.

《 En personajes de frente posando se ve el pie más por arriba.

》 En tres cuartos, los pies apuntan hacia abajo en diagonal vistos de frente. Vistos de espalda apuntan en diagonal hacia arriba.

《 Fijaos en las curvas suaves cuando el pie toca el suelo boca abajo en personajes de rodillas o acostados.

《 El hueso del tobillo es siempre un poco más alto en el interior que en el exterior.

》 Los pies se suelen representar en movimientos verticales desde el tobillo hacia abajo o al revés, pocas veces se presentan moviéndose de izquierda a derecha.

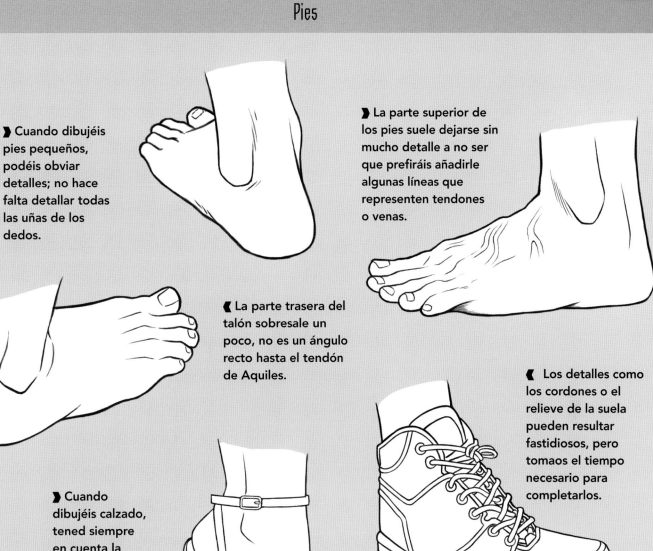

❯ Cuando dibujéis pies pequeños, podéis obviar detalles; no hace falta detallar todas las uñas de los dedos.

❯ La parte superior de los pies suele dejarse sin mucho detalle a no ser que prefiráis añadirle algunas líneas que representen tendones o venas.

❮ La parte trasera del talón sobresale un poco, no es un ángulo recto hasta el tendón de Aquiles.

❮ Los detalles como los cordones o el relieve de la suela pueden resultar fastidiosos, pero tomaos el tiempo necesario para completarlos.

❯ Cuando dibujéis calzado, tened siempre en cuenta la flexibilidad del material y dejad suficiente espacio para que los tobillos se puedan doblar naturalmente.

❮ Los tacones muy altos hacen que el pie se arquee y se quede casi recto hacia abajo y el talón sobresalga un poco más de lo normal.

❯ Al dibujar personajes sentados, dando patadas o corriendo (visión trasera) es esencial dibujar bien la textura de las suelas.

Figuras

Ya hemos cubierto las partes más complejas del cuerpo: cabeza, manos y pies. Pasemos ahora a entender mejor la anatomía de la figura en su totalidad para que podáis pasar a crear un personaje completo. Eso significa que os tendréis que familiarizar con las proporciones generales y las estructuras óseas y musculares para conseguir personajes que resulten creíbles, lo ideal es dibujar primero personajes usando modelos sin ropa, pero si esto resulta imposible, también podéis recurrir a vosotros mismos en un espejo. Lo mejor es fijarse cada vez en una parte del cuerpo diferente: brazo, pierna o torso, por ejemplo, para que así resulte más fácil al principio. Sin embargo, tendréis que pasar a dibujar figuras completas, de la cabeza a los pies, si queréis entender completamente cómo se interconecta cada parte del cuerpo con las otras.

El cuerpo es primordial para definir la apariencia de un personaje, ya que en él decidimos el tamaño, el peso y la estructura muscular. La mayoría de los personajes manga tienden a ser delgados, ya que muchos son adolescentes o jóvenes adultos, de acuerdo con los lectores ideales que suele tener el género. La mayoría de los mangas se comercializan para ese rango de edad y los fans quieren seguir a personajes con los que se puedan sentir identificados. Por otro lado, nada os obliga a seguir esas convenciones y podéis tomar vuestras propias decisiones creativas en cuanto a edad y tipología de los personajes.

De igual modo que con los rasgos faciales, hay que considerar lo que la postura dice de la personalidad de nuestro personaje. Brazos abiertos y piernas separadas sugieren más a alguien seguro de sí mismo y atrevido, mientras que la cabeza gacha, con hombros contraídos y brazos pegados al cuerpo sugieren lo contrario. Una vez que hayáis ganado experiencia en las poses de pie, pasad a dibujar gente sentada, de rodillas o en movimiento para dotar a vuestro trabajo de variedad.

Para empezar, las vistas frontales son las más sencillas y os ayudarán a manejar la longitud del cuerpo y los miembros. Las de tres cuartos harán que vuestros personajes luzcan más interesantes. Tampoco olvidéis las posteriores, ya que son fundamentales para determinar el diseño de la ropa y cómo quedarán los personajes desde diferentes ángulos. Sin embargo, en este capítulo voy a mantener la ropa muy simplificada y ajustada al cuerpo para que así se vean mejor las proporciones.

Cuando uno ya tiene experiencia, puede saltarse pasos y empezar a diseñar directamente la ropa sin necesidad de dibujar el cuerpo que hay debajo. La ropa también ayuda a disimular aquellas partes del cuerpo que no se os dan tan bien. ¿Que no os salen bien los dedos de los pies? Poned zapatos cerrados. ¿Que no podéis con las rodillas? Ponedle una falda o un vestido.

Formas básicas y proporciones

Se puede construir una figura humana usando diversas formas: cuadrados, círculos y triángulos, o para un efecto más tridimensional, cubos, cilindros, esferas y conos. Incluso si sólo disponéis de treinta segundos para practicar, dibujad estas formas, especialmente cilindros en diferentes ángulos, resultará tremendamente útil para convertir más tarde todo esto en formas más complejas. Si alguna vez os quedáis atascados, podéis encontrar un suministro ilimitado de modelos y referencias: maniquís (*véase* p. 17), fotos de amigos o selfis, revistas, libros y bancos de imágenes en línea.

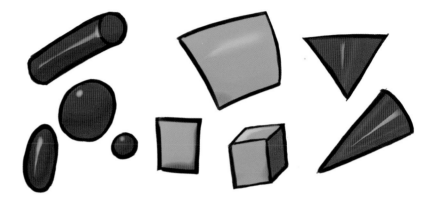

DIBUJANDO AL PROTAGONISTA

Un hombre adulto medio tiene alrededor de 7-8 cabezas de altura. Así que calculad primero el tamaño de la cabeza y multiplicad esa longitud por aproximadamente siete para saber dónde se debe colocar la parte inferior de los pies. Algunos estilos manga pueden exagerar la longitud de las piernas, haciendo que el personaje tenga nueve cabezas de altura, mientras que un personaje más joven, como un niño de diez años, puede tener cinco o seis cabezas de altura. Las mujeres manga son normalmente entre una y media cabeza más bajas que los hombres de la misma edad. Aquí al lado muestro las proporciones medias en manga. Usadlas como guía, aunque, por supuesto, tened en cuenta las diferencias entre los tipos de personajes, como los jóvenes, que son más bajos con la cabeza más grande; los hombres, que tienen el pecho más ancho, y las mujeres, que suelen tener la cintura más delgada y las caderas más prominentes.

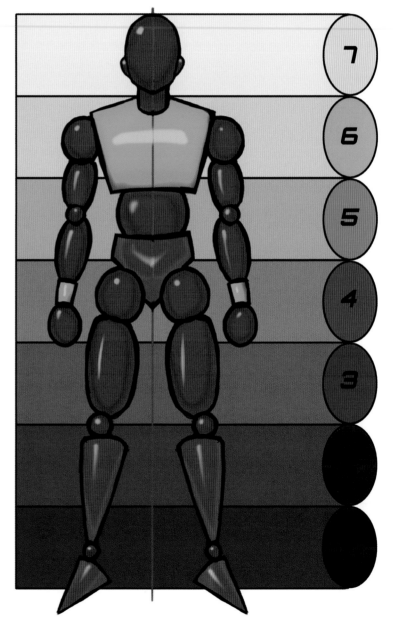

ALTURA CORPORAL

6-8 cabezas de alto.

PECHO

La distancia entre las axilas es generalmente una cabeza en horizontal, aunque el pecho masculino puede ser más ancho. En una mujer, los pezones quedan una cabeza por debajo de la barbilla. El tamaño de los senos varía mucho en manga, aunque son típicamente del mismo ancho que el pecho o un poco más grandes.

CUELLO

El cuello está entre un tercio y la mitad de una cabeza. Esto varía mucho dependiendo de la constitución del personaje, el género y la edad.

HOMBROS

De dos cabezas de ancho, los hombros constituyen la parte más ancha de la figura.

CINTURA Y CADERA

La cintura queda ligeramente por debajo de la altura del codo. El ancho varía, pero es algo menor que el del pecho. Las caderas tienen el doble de ancho que la cabeza.

BRAZO Y MANO

El brazo tiene la misma longitud que desde la parte superior de la rodilla hasta los dedos de los pies. La punta de los dedos de la mano termina a la mitad del muslo. La parte superior del brazo tiene aproximadamente el mismo ancho que el cuello, y la distancia desde el codo hasta la axila es una cabeza. La distancia desde la muñeca hasta el codo es ligeramente superior a una cabeza (la misma que la longitud del pie). Y la de la mano es de unos tres cuartos de cabeza. Los codos quedan justo debajo de la caja torácica.

PIERNAS

Las piernas son un poco más de la mitad de la altura total. Desde la parte inferior de la rótula a la entrepierna hay la misma longitud que de la parte inferior de la rótula a las plantas de los pies. La parte superior de la pierna (muslo) es casi tan ancha como la cabeza. La rodilla queda dos cabezas por encima de la planta del pie. La parte inferior de la pierna (pantorrilla) es del mismo ancho que el cuello, y la longitud del pie es ligeramente superior a la altura de la cabeza.

Dibujando una pose femenina: vista frontal

1 Este dibujo es de una mujer joven de entre diecisiete y veintiún años. Comenzamos con una figura esquemática dibujada con lápiz muy suave para calcular las proporciones del personaje en su postura de pie de vista frontal directa.
Los pies los colocados juntos y la mano en la cadera son típicos de una postura femenina.

2 Detallamos al personaje usando formas sólidas pero simples: una combinación de triángulos redondeados, óvalos y círculos. Mientras que las personas en el mundo real presentan una gran variedad de formas y tamaños, la mayoría de las mujeres manga presentan cintura delgada, senos de tamaño considerable, caderas anchas y piernas largas.

3 Borramos las guías iniciales de la figura esquemática. Al dibujar posturas de frente como ésta, procuramos mantener la simetría; los hombros deben ser igual de anchos, el muslo izquierdo debe ser tan grueso como el muslo derecho, etc. He comenzado el cabello dibujando sólo la forma general para determinar el tamaño y la longitud.

4 Damos algún detalle a la cara y el pelo. Para que se vea un poco más dinámica, agregaremos movimiento al cabello como si estuviera ondeando al viento. El aire viene de la izquierda, por lo que los mechones están todos hacia la derecha. He añadido un traje ajustado para mostrar mejor las proporciones. Para ello simplemente he agregado pliegues en las partes del cuerpo que se doblan y giran más, como los codos y las rodillas, o a lo largo de la línea de la cremallera.

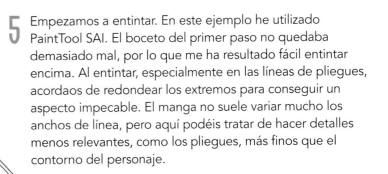

5 Empezamos a entintar. En este ejemplo he utilizado PaintTool SAI. El boceto del primer paso no quedaba demasiado mal, por lo que me ha resultado fácil entintar encima. Al entintar, especialmente en las líneas de pliegues, acordaos de redondear los extremos para conseguir un aspecto impecable. El manga no suele variar mucho los anchos de línea, pero aquí podéis tratar de hacer detalles menos relevantes, como los pliegues, más finos que el contorno del personaje.

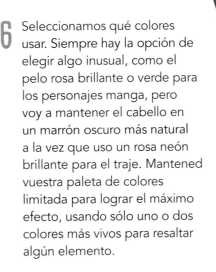

6 Seleccionamos qué colores usar. Siempre hay la opción de elegir algo inusual, como el pelo rosa brillante o verde para los personajes manga, pero voy a mantener el cabello en un marrón oscuro más natural a la vez que uso un rosa neón brillante para el traje. Mantened vuestra paleta de colores limitada para lograr el máximo efecto, usando sólo uno o dos colores más vivos para resaltar algún elemento.

7 Considerando la fuente de luz a la izquierda, colocamos las sombras más hacia la derecha y alrededor de las líneas de pliegues utilizando un tono más oscuro. Si estáis empleando lápices de colores o pintura, no os limitéis a agregar negro a vuestro tono original para oscurecer o los colores se verán sucios. Para colorear la piel, mejor comenzar con un tono rosa melocotón, y, a continuación, utilizar un tono marrón para el sombreado.

8 En lugar de optar por un aspecto de «anime cel» tradicional, decidí ir a por un estilo de aerógrafo mezclando las sombras existentes y añadiendo sombreado adicional para lograr un acabado mucho más tridimensional. Para concluir, añadimos los toques finales, como algunos resaltes para dar al cabello un poco de brillo.

Dibujando una pose masculina: vista de tres cuartos

1 Comenzamos con una figura a lápiz para calcular las proporciones con el personaje mirando en un ángulo a la izquierda. Las vistas de tres cuartos implicarán la superposición de miembros como un brazo detrás o delante del torso.

2 Definimos el personaje usando formas sólidas. Quiero mantener esta figura más realista, por lo que no voy a simplificar o exagerar mucho las partes del cuerpo.

3 Borramos las líneas guía iniciales de la figura esquemática. Los hombres manga tienden a ser esbeltos, pero en este caso he preferido darle a mi hombre un poco más de volumen para ayudar a ilustrar la definición muscular en el siguiente paso.

4 Dibujamos un traje ceñido para comprender mejor la anatomía subyacente. Los pliegues se colocan alrededor de las articulaciones y las curvas. Siempre que mantengamos la proporción correcta hasta el paso tres, añadir detalles, tales como pliegues y cabello, resulta más sencillo de lo que podría parecer.

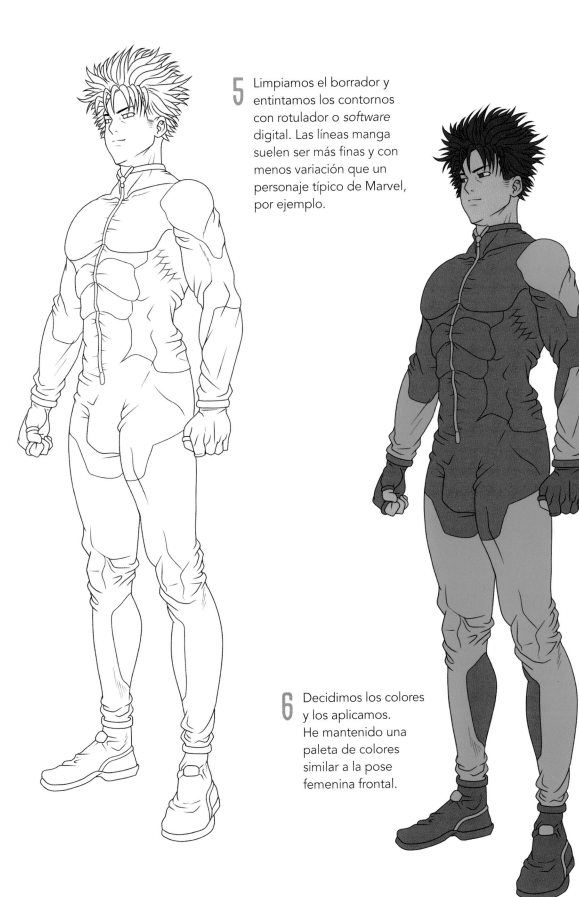

5 Limpiamos el borrador y entintamos los contornos con rotulador o *software* digital. Las líneas manga suelen ser más finas y con menos variación que un personaje típico de Marvel, por ejemplo.

6 Decidimos los colores y los aplicamos. He mantenido una paleta de colores similar a la pose femenina frontal.

7 Teniendo en cuenta la fuente de luz de frente a la izquierda, colocamos las sombras hacia la derecha y alrededor de las líneas de pliegue utilizando un tono más oscuro. Pensad bien cómo las sombras seguirán el contorno alrededor de las formas del cuerpo. Por ejemplo, la luz no llega a las áreas bajo la barbilla, debajo de la axila o debajo de las rodillas.

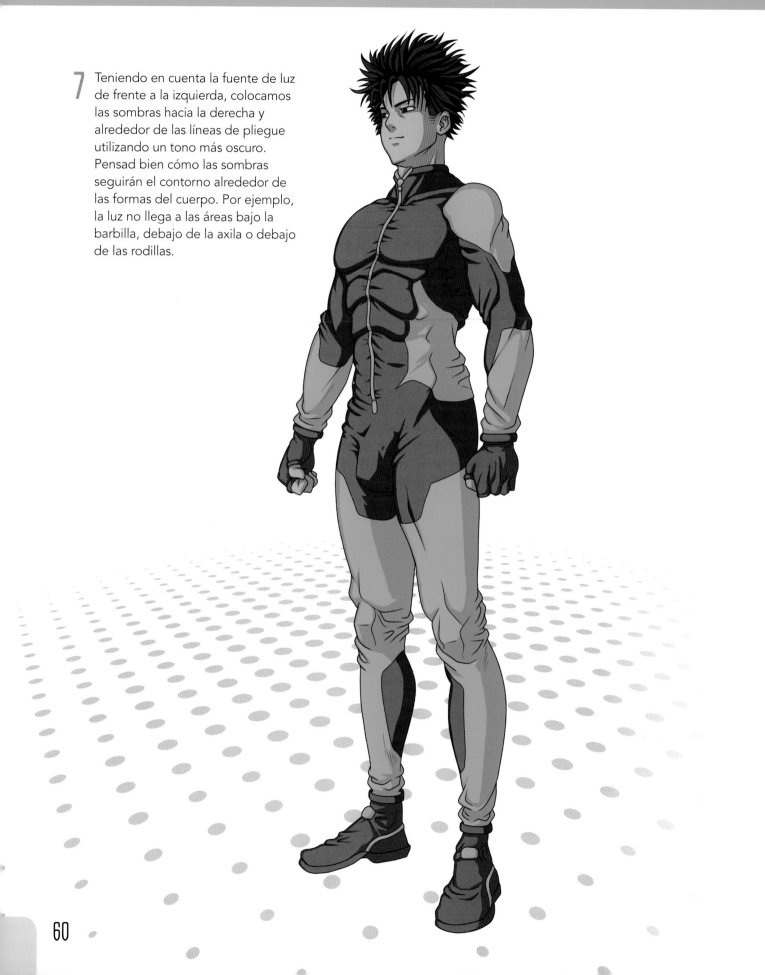

8 Difuminamos las sombras para crear una forma tridimensional más realista. Para lograr un acabado suave y parejo como en este ejemplo, utilizad lápices de colores, aerógrafo o color digital. La pintura o los rotuladores también dan muy buen resultado, pero no se consiguen colores tan homogéneos ni resultados tan lisos.

Dibujando una pose femenina: vista trasera

1 Reproducimos la misma construcción y postura del personaje que estudiamos en la vista frontal comenzando por una figura esquemática para calcular las proporciones.

2 Rellenamos el personaje usando formas sólidas. La diferencia principal aquí en comparación con la vista frontal es que remarcamos los omóplatos y los glúteos. Aunque el cabello cubrirá la mayor parte de la espalda, es buena idea dibujar el contorno del cuerpo para ayudarnos a entender cómo se vería sin el pelo superpuesto y asegurarnos de que las proporciones son las correctas.

3 Borramos los trazos iniciales de la figura esquemática. Seguidamente nos aseguramos de que nos gusta cómo quedan la pose y las proporciones antes de agregar más detalles.

4 El personaje llevará un traje ajustado; las arrugas y las líneas de pliegue se hallan alrededor de las articulaciones y donde la figura se dobla: codos, rodillas y parte baja de la espalda. Para brindarle un poco de movimiento al cabello, usaremos líneas curvas para evitar que se vea deslucido.

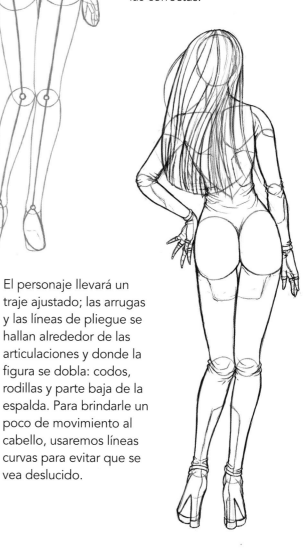

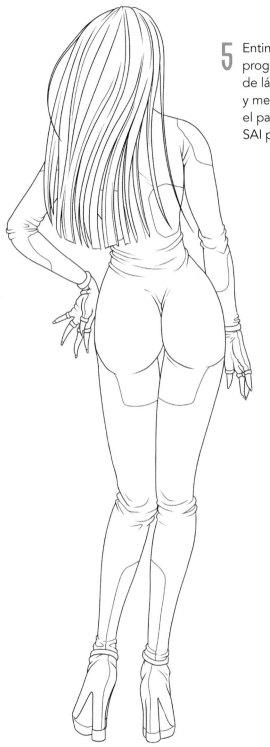

5 Entintamos los contornos usando la pluma o el programa de nuestra elección. Si logramos un trabajo de lápiz muy limpio o preferimos un toque más vasto y menos pulido, hasta se podría considerar saltarnos el paso de entintado. Yo elegí entintar con PaintTool SAI para lograr líneas más delgadas y delicadas.

6 Elegimos una combinación de colores. Yo me decidí por un efecto más femenino esta vez, con azul pálido, rosa y cabello rubio claro.

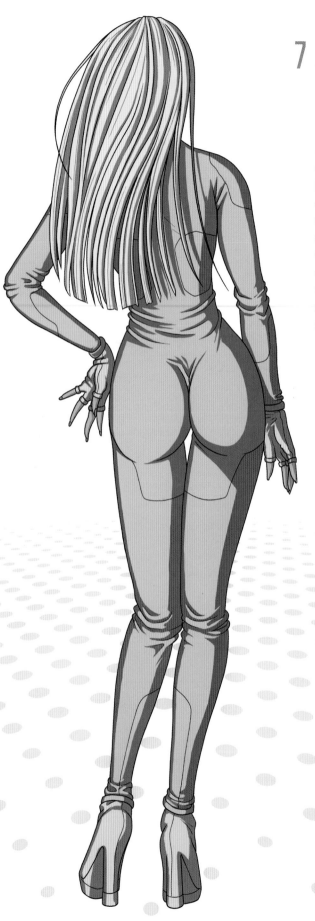

7 Considerando una fuente de luz
que ilumina el personaje desde
un ángulo de tres cuartos a la
izquierda, colocamos las sombras
hacia la derecha y alrededor de
las líneas de pliegue utilizando
un tono más oscuro. Al igual
que con los ejemplos anteriores,
he utilizado el estilo anime de
dos tonos para colorear. Para la
siguiente etapa podría crear capas
adicionales de sombra como se
ve en la sección de cabezas o
comenzar a renderizar, creando
transiciones tonales suaves y
degradados de más claro a
más oscuro.

8 Se puede crear una imagen más tridimensional combinando tonos mientras se introducen reflejos más claros y una capa adicional de sombreado. Mantendremos los degradados de colores suaves para que el cuerpo, los brazos y las piernas se vean más redondeados. También se podrían agregar patrones o colores adicionales al diseño después. En este caso, yo he añadido algunas mechas rosadas al cabello y también he coloreado las líneas del dibujo para un efecto más realista. Éste es un cambio fácil de hacer cuando se trabaja en capas digitales, pero si se están utilizando medios tradicionales como lápiz o rotuladores resulta imposible ajustar o recolocar partes de la imagen más adelante. Por eso, planificad con antelación los esquemas de color. En el paso 5 de entintado, por ejemplo, se podría usar un contorno marrón para las áreas de la piel en lugar de negro.

Ropa
y accesorios

Los peinados, las expresiones faciales y el lenguaje corporal pueden decir mucho sobre una persona, pero su atuendo agregará una dimensión adicional a su personalidad. Por eso hay que tratarla como una forma de expresar más y mejor quién es vuestro personaje: cómo se gana la vida y cuáles son sus intereses y habilidades. La ropa juega un papel clave en la estética del manga, a menudo se ve depurada, elegante, simplificada con la conversión de pliegues en líneas sencillas, pero lo tan detallada como para plasmar la forma y mostrar toques finales como adornos, estampados o costuras.

Tenéis que estudiar mucho la moda cotidiana para comprender cómo se ve la ropa y cómo se ajusta sin interferir con el funcionamiento del cuerpo. Por supuesto, también hay que investigar la ropa antigua, por ejemplo, las armaduras históricas. Fijaos cómo el material grueso, denso, que no da mucho de sí, cubre el pecho, la espalda, los muslos y los hombros, mientras que el material más flexible se utiliza para las articulaciones que permiten la flexión y la rotación.

Cuando se trata de ropa, dibujar los pliegues es la parte más complicada. Se puede mantener un estilo simple para evitar poner un montón, pero a mí, me gusta añadir los suficientes para dar aspecto detallado y creíble. Por otro lado, se pueden usar muchas telas en diferentes colores y texturas, y es importante considerar su peso para determinar cómo se verán los pliegues; el material más pesado caerá hacia abajo, produciendo menos pliegues, mientras que algo ligero y fino tiene más potencial para arrugarse. Como regla general, los pliegues principales se originarán donde haya articulaciones. No encontraréis muchos pliegues en medio del muslo, pero sí alrededor de la rodilla, o donde la tela se arruga en la parte inferior de los tobillos. Al igual que con el cabello largo, os podéis tomar un poco de licencia artística para agregar movimiento a las telas, ya que esto proporciona un mayor impacto visual.

Tanto en la moda moderna como en la histórica se usan bolsillos, botones, remates, estampados y accesorios para aderezar la apariencia. También podéis usar prendas exageradas como abrigos, sombreros o zapatos imposibles y poco prácticos. Mientras un personaje se pueda mover, doblar y girar libremente, todo vale. Los personajes que empuñan enormes armas más pesadas que su propio peso corporal no son inusuales en el mundo del manga y los videojuegos. A menudo se les perdona la ropa o accesorios que desafían a la gravedad, siempre y cuando el resultado final sea atractivo. Podéis experimentar con todo tipo de diseños locos a ver hasta dónde podéis llegar. En el extremo opuesto, un estilo práctico y más modesto resulta ideal para uniformes escolares, ropa militar o dentro de un entorno más realista.

Ropa

Os presento a continuación una selección de ropa para mostrar algunos diseños diferentes junto con los pliegues básicos. Por norma general, la tela tiende a ir hacia abajo por la gravedad, y la dirección de los pliegues aparecerá más diagonal que horizontal. Los pliegues pueden dibujarse con una línea simple, como en estos ejemplos, o con sombreado o tramas. Intentad adivinar dónde colocarías las sombras en estos ejemplos, considerando hasta dónde alcanza la luz y dónde se proyectarán las sombras. Imaginad que la fuente de luz viene de la izquierda; así, se proyectarán sombras hacia la derecha del pliegue. Si la luz viene de arriba, colocad las sombras debajo del pliegue. Cuanto más grande y pronunciado sea el pliegue, mayor y más oscura será la sombra que proyectará.

❰ Los materiales más gruesos se pliegan con menos facilidad que los tejidos más finos.

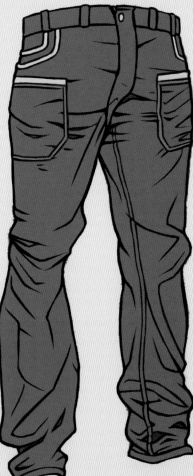

❱ Dependiendo del estilo, un par de pantalones vaqueros pueden concentrar gran cantidad de pliegues detallados alrededor de las zonas ajustadas, zonas que se doblan y en la parte inferior donde se arruga la tela.

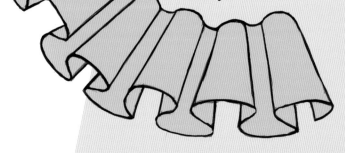

❰ Estudiad con atención las formas que se producen con la tela ondulada y superpuesta, ya que son las que se usan con volantes, vestidos y ribetes rizados.

❯ Intentad hallar el equilibrio entre utilidad y belleza. Una prenda muy práctica se puede hacer más bonita con sólo algunos elementos decorativos.

❯ Observad cómo las líneas de pliegue se originan desde el codo u otros puntos del cuerpo que se doblan.

❯ Experimentad con trozos de tela y otros materiales para ver cómo se pliegan cuando se cuelgan o drapean.

❮ No es necesario dibujar los pliegues con extremo detalle. Por otro lado, los ribetes o vivos hacen que la ropa no se vea demasiado minimalista.

❯ Añadid arrugas para hacer las prendas más creíbles.

Vistiendo a un personaje

Hay una serie de indumentarias que aparecen a menudo en el manganime japonés, por lo que vale la pena pasar algún tiempo estudiándolos de modelos reales (fáciles de encontrar en Internet). Éstos incluyen samuráis, *ninjas*, sacerdotisas de los templos (*miko*), enfermeras, *meido* (*maid*), uniformes escolares, *cosplays* de gata, kimonos y vestidos de Lolita. Para averiguar cómo vestir a un personaje, comenzad con una figura base sin ropa y luego diseñáis el atuendo encima. Lo cual no sólo ayuda a que la ropa se ajuste bien a los contornos del cuerpo de debajo, sino que también permite comprobar si las proporciones de la figura son correctas antes ocultarlas con la ropa.

Como con muchos de los ejemplos en este libro, he incluido bastantes para ilustrar tantas líneas de plegado o estirado como sea posible. Por supuesto, podéis simplificarlas si queréis dibujar menos líneas de plegado y concentraros más en las formas del contorno.

Ropa interior

Bastante sencilla. Principalmente calzoncillos ajustados que se adaptan a la forma del cuerpo.

Uniforme

Utilizado en la enseñanza media o secundaria (de 15 a 18 años). En algunas escuelas se llevan chaquetas y camisas como alternativa.

Shinobi/ninja

Los *ninjas* a menudo visten colores oscuros que ayudan en sus labores de espionaje, asesinato y combate. Para darle a este traje estandarizado un toque individual, he añadido una bufanda roja.

Ropa informal

Vaqueros, zapatillas y sudadera con capucha; la vestimenta típica para muchos chicos jóvenes.

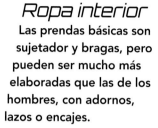

Ropa interior

Las prendas básicas son sujetador y bragas, pero pueden ser mucho más elaboradas que las de los hombres, con adornos, lazos o encajes.

Traje de marinera

Uniforme para chicas de la enseñanza media o secundaria (de 12 a 15 años). En algunas escuelas se prefieren faldas escocesas, camisas y chaquetas, especialmente para las chicas más mayores.

Kimono

Los kimonos son estupendos para la creatividad porque podéis encontrar diversos colores y patrones. Esta prenda es ceñida y no se abre por delante, pero debido a la postura con las piernas he tenido que modificar el patrón.

Meido/Maid

El traje de criada japonesa es muy popular entre los *cosplayers* de anime, aunque originalmente lo llevan las camareras que trabajan en los *maid* cafés de Japón y otras partes del Lejano Oriente.

73

Accesorios

Cuando tengáis el atuendo básico de vuestro personaje, considerad agregar accesorios para completar su estilo. Echadle un buen vistazo a los accesorios del mundo real, que a menudo son muy funcionales y a la vez fáciles de plasmar sobre el papel. Una vez que los conozcáis, podréis reconvertirlos fácilmente en objetos futuristas de ciencia ficción o fantasía medieval. En las próximas páginas os muestro varios ejemplos de accesorios para vuestros personajes. También podéis usar mochilas, joyas como collares y pulseras, relojes, dispositivos móviles, artículos de comida o botellas de agua.

❮ Añadir un sombrero es una forma fácil de brindarle a vuestro personaje un poco más de individualidad.

❮ Los auriculares grandes se ven mucho en manga y son un accesorio popular.

❱ Las gafas pueden llevarse sobre los ojos, en la frente, quizás medio cubiertas de largos mechones puntiagudos estilo manga.

❮ La curva de un cinturón o pulsera puede ayudar a ilustrar el ángulo de un torso o una extremidad.

❮ Las niñas *kawaii* a menudo se acompañan de juguetes adorables y peluches.

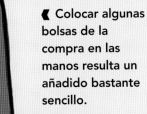

❮ Colocar algunas bolsas de la compra en las manos resulta un añadido bastante sencillo.

❮ La gente a menudo usa accesorios por razones sentimentales, como un colgante heredado o un sombrero de la suerte que llevan a menudo.

Armas

Las historias manga a menudo giran alrededor de un conflicto, por lo que siempre resulta indispensable poder dibujar diversas armas para diferentes personajes y escenarios. Con las armas hay que pensar siempre en su funcionalidad: ¿cómo se sostendrán, cómo se transportarán cuando no se usen, cuál sería el arma preferida de un personaje y por qué?

❱ Algunas armas pueden ser una extensión del cuerpo, tales como guantes puntiagudos o armaduras.

❰ Añadir dorados o embellecimientos a un arma podría sugerir que el propietario es arrogante, rico y está tratando de mostrar lo poderoso que es.

❱ Tampoco descuidéis las armas secundarias como dagas, granadas o estrellas para lanzar.

❰ ¡Tratándose de armas, cuánto más grande mejor!

❰ Las espadas están entre las armas más comunes y, por suerte, son bastante fáciles de dibujar.

76

❯ Para dibujar pistolas y otras armas mecánicas con éxito debéis conseguir modelos reales o referencias fotográficas para entender cómo están hechas, sus partes y su funcionamiento.

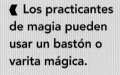

❯ El cuerpo de un personaje a menudo determina el tipo de arma que porta. Un *ninja* delgado tendría dificultades empuñando un hacha de combate enorme o una espada.

❮ Los practicantes de magia pueden usar un bastón o varita mágica.

❮ El entorno de un personaje determinará los tipos de armas disponibles. Una aventura de fantasía medieval probablemente incluirá espadas, arcos, hachas y objetos mágicos.

Acción

Después de adquirir algunos conocimientos de anatomía básica y las proporciones del cuerpo, el siguiente paso consiste en diseñar vuestros personajes en diferentes ángulos y realizando diversas tareas para que se vean más dinámicos e interesantes. A partir de aquí podréis crear escenas más complejas o incluso una página de cómic. Al principio os resultará un poco complejo, pero os puede servir de gran ayuda buscar imágenes de referencia en Internet o tomar fotos de vosotros mismos o vuestros amigos en diversas poses.

Al elegir una pose para vuestro personaje, pensad primero en su personalidad y la manera en que afecta a sus movimientos. Por ejemplo, al caminar, uno puede pavonearse con confianza con la cabeza alta y los hombros hacia atrás, mientras que otro puede bajar los hombros, arrastrar los pies y caminar con la cabeza gacha. El estado de ánimo que muestre dependerá de la pose y la expresión facial. También hay que imaginar cómo se pondría de pie o se movería según sus diferentes estados de ánimo.

A partir de ahora, os proporcionaré ejemplos de personajes en acción y voy a utilizar sólo cuatro pasos, aunque si os resulta más sencillo podéis desglosar el proceso aún más y añadir pasos intermedios hasta llegar diez pasos (o incluso más) utilizando el mismo proceso que en las ilustraciones anteriores. También podéis saltar directamente al paso tres, copiar las líneas de mi dibujo y luego la versión en color del paso cuatro para ayudaros con su sombreado. Como acciones básicas, os presento: caída, carrera, salto y lucha; es importante que empecéis a pensar cómo aplicaréis lo que habéis aprendido sobre diseño de figuras e indumentaria a las figuras en acción.

Caída

1 Comenzamos con una figura esquemática como una guía para calcular las proporciones. Las partes del cuerpo se superpondrán a esta imagen, lo que ayudará a crear una imagen más dinámica y con sensación de profundidad.

2 Detallamos el personaje usando formas sólidas. Dibuja unas líneas para indicar hacia dónde irá el cabello. Es importante que la pierna delantera se superponga. Yo la he dibujado transparente para mostrar lo que hay debajo. En el paso uno lo importante es conseguir las proporciones a lo largo, mientras que el dos se centra en las proporciones a lo ancho.

3 Antes de pensar que hay demasiados detalles y que no podréis con ellos, respirad hondo y realizadlos paso a paso. Primero agregad la ropa como un borrador sin muchos detalles, luego se agregan los pliegues y los detalles más pequeños. Después dibujáis el pelo mechón a mechón.

4 Aplicad los colores elegidos, añadiendo
un tono más oscuro alrededor de los
bordes exteriores de las formas para
crear un aspecto más tridimensional.
La mayoría de los colores en este
paso se basan en tres tonos: un tono
de base y dos capas de colores más
oscuros para el sombreado. Las líneas
de velocidad manga o líneas de acción
añadidas al fondo ayudan a crear una
sensación adicional de movimiento.

Carrera

1 Comenzad dibujando una figura esquemática como una guía. Las poses de ejecución, y las de acción en general, a menudo comienzan con una línea arqueada. En este caso se trata de un arco desde la parte superior de la cabeza hasta el pie más cercano al suelo que ayuda a ilustrar la dirección del movimiento de izquierda a derecha.

2 Crear las masas del cuerpo utilizando formas básicas. Estas proporciones son clave para asegurar una ilustración bien conseguida al final del trabajo. Si bien la parte divertida es agregar detalles como trajes y accesorios, es importante obtener la base adecuada para ahorrar tiempo a largo plazo. ¡Nadie quiere tirarse media hora dibujando un diseño complejo en la camiseta de un personaje para darse cuenta de que el torso es demasiado corto y que hay que volver a dibujarlo!

3 Añadir la ropa, el pelo y la espada. La dirección de los detalles del atuendo y los pliegues es hacia la izquierda para ayudar a mostrar que el personaje se está moviendo hacia la derecha. Fijaos cómo también he añadido picos que apuntan hacia la izquierda para romper las líneas, simbolizando el movimiento borroso. Una ráfaga de hojas voladoras también ayuda a añadir otra capa de acción y movimiento al dibujo.

4 Aplicad los colores elegidos para representar el personaje, junto con una fuente de luz orientada hacia la derecha. Esto creará una sombra hacia el lado izquierdo. Las líneas de velocidad horizontales se añaden como un elemento de fondo.

Salto

1 Esta vez colocaremos nuestro personaje esquemático en una posición de salto como el de Spiderman. Al haber mucha curvatura en la espalda, el torso aparecerá más corto y el hombro derecho oscurecerá el pecho y los abdominales. Las partes del cuerpo superpuestas ayudarán a añadir mucha profundidad a la imagen.

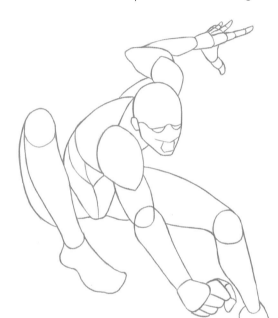

2 Esta postura realmente comienza a tomar forma a medida que se añaden las formas sólidas. Al igual que con todos estos ejemplos de acción, mantened las líneas guías muy suaves y no pongáis tanto detalle como yo, podéis hacerlo más esquemático. En este paso se trata de colocar las formas básicas en su lugar para poder entender la postura.

3 Añadid el traje de vuestra elección. Yo me he decantado por una indumentaria de guerrero enmascarado inspirada en los *ninjas* japoneses. Y, por supuesto, no os dejéis la cuerda que baja desde la parte superior derecha para que parezca que salta hacia nosotros y hacia la derecha.

4 Como no estaba seguro de qué colores elegir, experimenté con algunas combinaciones diferentes. Si queréis hacer lo mismo, escanead vuestro dibujo e imprimid algunas copias para hacer pruebas sin comprometer el color final. También es recomendable guardar copias adicionales si trabajáis digitalmente. Tras darle unas vueltas encontré una combinación que me gustaba y la ilustración quedó genial.

Lucha

1 Esta ilustración es un poco más complicada debido a que dos personajes interactúan el uno con el otro. La idea es que el hombre esquemático más grande de la derecha propina un puñetazo mientras que el hombre esquemático más pequeño de la izquierda levanta el brazo para bloquearlo.

2 Definid los volúmenes de los personajes con mucho músculo, estilo *Dragon Ball Z*, para que quede bien claro que ambos son luchadores profesionales. El personaje izquierdo se muestra en una vista de tres cuartos, mientras que el derecho se inclina más, exponiendo la parte superior de sus hombros. Tened en cuenta que las líneas de pecho y hombro de los dos personajes son paralelas.

3 Decidí que el chico de la izquierda vistiera con ropa normal, mientras que el de la derecha llevaría un uniforme de judo o kárate. Recordad añadir un poco de movimiento y accesorios como el collar y el cinturón.

ドガバ

4 Para dar un toque más agresivo e intenso, utilicé un fondo rojo fuerte y agregué líneas de acción apuntando hacia adentro para focalizar el punto de contacto en el centro de la imagen. Para darle un toque más auténtico, agregué letras de katakana en la parte superior. En japonés se lee *Dokaba* y equivaldría a punch o plof.

Color y tono

Se requiere mucho tiempo hasta aprender a producir obras de arte renderizadas a un estándar profesional. Sin embargo, hay muchas reglas sencillas basadas en la realidad que determinan cuánto sombreado usar y dónde colocar sombras y reflejos. Incluso el manga necesita conservar un sentido de credibilidad al hacer que la luz afecte a personajes u objetos igual que en la vida real.

El objetivo de cualquier artista es comunicarse eficazmente a través de su trabajo. La imagen más realista no tiene por qué crear siempre el foco y la claridad necesarios. Al igual que con el dibujo de ojos manga, donde no hay necesidad de dibujar cada pestaña individual, no hace falta pasar largo tiempo representando elementos sin importancia para la imagen. Agregar una gran variedad de tonos o detalles a cada superficie, como poros de la piel, nervaduras en las hojas, grietas en el ladrillo, hormigas en el suelo, etc., no aportará mucho a la imagen, e incluso puede convertirla en recargada, desenfocada y difícil de admirar. Por lo tanto, deberéis decidir sobre cuánto detalle agregar y cómo limitar la paleta de colores (la selección de colores utilizados en una imagen).

Mientras que la mayoría de los cómics producidos en Japón tienden a centrarse en el trabajo lineal, a menudo con un interior monocromático, cada portada de manga, anuncio de revista, animación o juego destinado a captar la atención de un espectador necesitará color. Colorear efectivamente es mucho más que rellenar y no salirse de las líneas. Se trata más bien de una manera de representar las emociones, la personalidad y las preferencias de un personaje; con el color se puede establecer el estado de ánimo de una escena y crear una atmósfera. También es una manera de mostrar vuestro estilo único e individual.

Terminología del color

Muchos artistas aprenden qué colores funcionan mejor juntos simplemente haciendo pruebas mientras crean sus obras. Sin embargo, hay varias teorías probadas en cuanto a lo que hace que una imagen resulte impactante y qué combinaciones de colores se ven más eficaces. Conocerlas puede ayudaros a mejorar rápidamente vuestro nivel de trabajo.

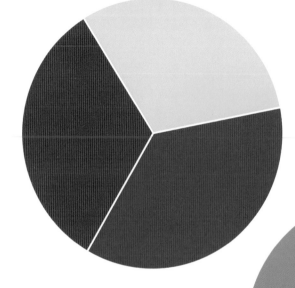

Colores primarios

Rojo, azul y amarillo se conocen como colores primarios. No se pueden crear mezclando otros colores, pero cuando se mezclan entre sí pueden producir cualquier otro color. En términos digitales, mezclar pintura es, de hecho, entrelazar píxeles de color en diferentes porcentajes.

Colores secundarios

Éstos son verde, lila y naranja, creados mezclando los colores primarios. Amarillo + azul = verde, azul + rojo = lila, y rojo + amarillo = naranja. Éstos se pueden ver en la rueda de color entre sus respectivos colores primarios.

Colores terciarios

Son amarillo anaranjado, rojo anaranjado, rojo violáceo, azul violáceo, azul verdoso y amarillo verdoso. Se crean de un color primario y otro secundario.

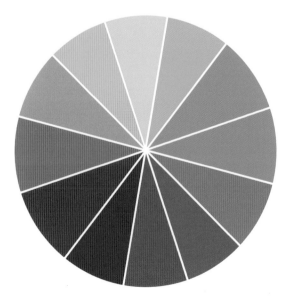

Colores análogos

Este término describe grupos de tres colores que se encuentran uno al lado del otro en la rueda de color, por ejemplo, amarillo, verde limón y verde.

Valor/tono

Se refiere a la claridad (más blanco)
u oscuridad (más negro) de un color.

Cálido y frío

Rojo, amarillo y naranja se asocian con el calor de
la luz solar, el fuego y la lava, mientras que azul,
verde y lila se encuentran en los aspectos más
fríos del mundo natural, como el hielo, la noche
y el agua. Algunas personas prefieren los colores
fríos, que las tranquilizan, mientras que los
colores cálidos transmiten más energía.

Intensidad/saturación

Se trata del brillo o la opacidad de un tono.
Variar la saturación de los colores de una imagen
es una buena manera de atraer la atención de
los espectadores a determinada parte: cuanto
más vivo e intenso sea el color, más relevancia
adquiere. Un tono gris y opaco se puede utilizar
en las partes menos importantes de una imagen.

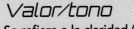

Colores complementarios

Son los tonos opuestos en la rueda de color, por
ejemplo, rojo y verde o azul y naranja. Su uso puede
ser complicado, pero proporciona un contraste
cromático que llama mucho la atención. Intentad
limitaros a un color primario dominante, como el
azul, y después utilizad el naranja para toques más
pequeños o como fuente de luz secundaria.

Paleta de colores

Este término describe el
conjunto de colores utilizados
dentro de su imagen. Tendréis
que limitar la paleta a dos o
tres colores primarios para
unificar la imagen y evitar que
se vea demasiado caótica.

Luz y sombra

Hasta ahora hemos observado varios ejemplos de personajes en los que empleábamos técnicas de luz y sombra para crear una imagen más vívida y con más relieve. El sombreado puede resultar un poco complicado al principio, pero no es tan difícil como parece. Se trata de averiguar de dónde viene la fuente de luz, dónde impactará sobre un objeto y qué forma tomarán las sombras.

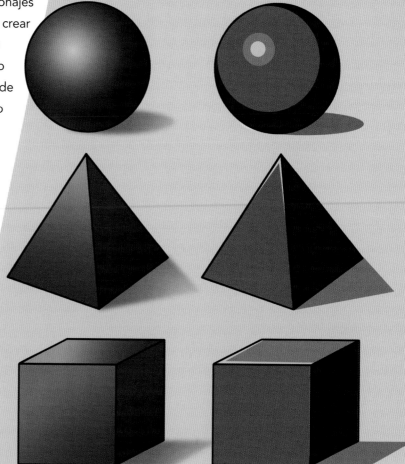

ILUMINACIÓN DE UN OBJETO ❯

Primero hay que tomar en consideración la forma del objeto desde el cual queremos proyectar la sombra. Cada forma geométrica tiene su propio diseño único. Las esferas proyectan una sombra circular o elíptica; los cubos y cilindros tienen una sombra rectangular, y las pirámides, como era de esperar, proyectan una sombra triangular.

Los objetos redondeados tienen una sombra degradada que se oscurece a medida que se aleja donde la luz toca la superficie. En un cubo, la luz puede no alcanzar uno o más lados visibles, lo que causará que ciertos planos se oscurezcan completamente. Aunque sólo se observe con sutileza, la parte superior de una pirámide está más cerca de la luz superior y, por lo tanto, es un poco más clara allí que en la parte inferior.

Las ilustraciones de anime a menudo se dibujan con un estilo «anime cel» bidimensional. Es decir, empleando de dos a cuatro tonos sólidos simplificados para crear la ilusión de un aspecto más tridimensional. En la vida real, los objetos no tienen contornos, pero encontrarás contornos en casi todas las ilustraciones de manganime que veas.

CONTRASTE

Frecuentemente, las obras más vistosas maximizan el contraste, variando la intensidad de ciertos colores u otros elementos dentro de la imagen. Las partes más claras y brillantes de una imagen son aquéllas sobre las que queremos llamar la atención del espectador. En una figura, podría tratarse de sus ojos o su arma mágica, por ejemplo. Si va a haber un fondo, el objetivo es mantener el personaje lo más brillante posible, mientras se suaviza el escenario en el fondo o en primer plano. Así, el personaje destacará y se convertirá en un punto focal de la imagen.

El contraste se puede crear enfatizando:

❯ **Claro y oscuro**
❯ **Liso y rugoso**
❯ **Brillante y opaco**
❯ **Cálido y frío**
❯ **Borroso y definido**

RELEVANCIA

Cuando seleccionéis la paleta de colores de un personaje, considerad usar muchos colores oscuros, rojos o negros para un villano; tonos más claros de azul y blanco para un héroe; o rosas, morados o tonos pastel para transmitir feminidad. Los colores pálidos suelen indicar un carácter modesto y tranquilo, mientras que los colores más vivos se aplican a alguien más aventurero y extrovertido a quien no le importa llamar la atención. También hay aspectos particulares de un personaje que dictan el color: si, por ejemplo, estáis diseñando una Reina de Hielo, usad tonos azules y blancos en su atuendo para vincularla con un tema frío y helado.

COLOR DE ILUMINACIÓN

Las condiciones de iluminación afectan a los colores naturales de los objetos. Es muy raro que una hoja de papel blanco sea blanco puro, por ejemplo. Si la lleváis fuera en un día nublado, parecerá más gris. Por el contrario, en el interior, bajo una bombilla doméstica típica, tendrá un tinte amarillo o naranja. El color de la iluminación externa puede no ser algo a considerar si simplemente estáis creando el concepto básico de un personaje; aun así, sigue siendo una buena idea ajustar los tonos y las variaciones tonales utilizadas para un personaje u objeto para hacerlos aparecer relacionados con su entorno.

MONOCROMO

A veces, los colores pueden obstaculizar que entendáis cómo usar correctamente el valor/tono y el contraste. En ese caso, experimentad en blanco, grises y negro. Muchos artistas practican sus conocimientos de iluminación mediante la creación de «esbozos de tono». Se trata de bocetos y dibujos que ayudan a comprender cómo funciona la luz sobre diferentes formas, volúmenes y texturas.

Una gama completa de luces y sombras son la clave para crear el máximo impacto. Usar más blanco puede ser bueno para mostrar una luz o focos de luz más fuertes, mientras que introducir más negro puede ser ideal para una iluminación más tenue o nocturna.

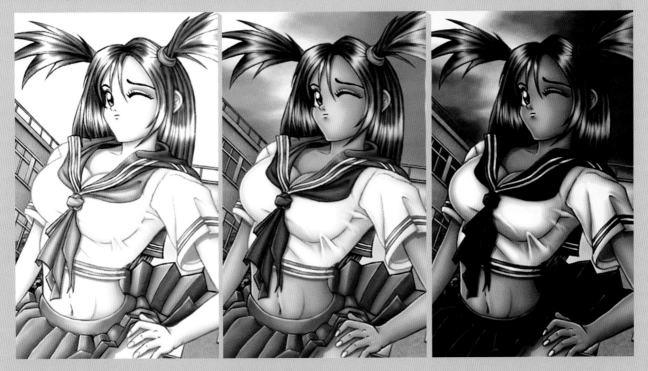

Entintado

Para lograr una buena técnica resulta imprescindible dibujar impecablemente en blanco y negro. Muchas ilustraciones se realizan primero con un lápiz, después se entintan y, finalmente, se colorean o sombrean. Mientras que el lápiz funciona como un rotulador o bolígrafo, la pluma requiere mucha más precisión y paciencia para lograr líneas suaves y limpias.

Hay dos métodos principales de entintado: digitalmente o a mano con rotulador o pluma. Las plumas de inmersión tradicionales tienen una punta metálica montada sobre un mango. Simplemente se sumergen en un tintero; la variación en la presión, velocidad y ángulo produce líneas más gruesas o más delgadas. También existen plumas con un cartucho o depósito de tinta que no requieren ser mojadas en el tintero y pueden rivalizar con las plumas tradicionales y los pinceles a la hora de delinear. Además, resultan mucho más fáciles de controlar, sin el riesgo de salpicaduras o borrones accidentales.

Un error que los principiantes a menudo cometen es usar sólo los dedos o la muñeca durante el proceso de dibujo. Una línea lisa necesita ser dibujada en un arco continuo. Es posible que las líneas más pequeñas sólo requieran mover ligeramente los dedos, otras requieren girar desde la muñeca, mientras que las líneas más grandes necesitan que se fijen los dedos y la muñeca en su lugar mientras se gira desde el codo. El uso de todo el brazo aumenta el control, lo que produce líneas más rectas y seguras.

Con un lápiz podéis tomároslo con calma, dibujando las líneas suavemente y construyéndolas para que sean sólidas y gruesas. Sin embargo, desacelerar demasiado mientras se entinta puede dar como resultado oscilaciones y hacer que sea más difícil mantenerse en el camino correcto.

VARIACIÓN DE LÍNEAS

El grueso de la línea está determinado por dos factores: ángulo y presión. Por ejemplo, con un rotulador con punta

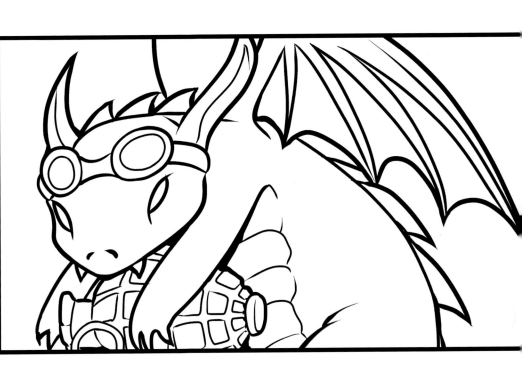

de pincel, usar sólo la punta en un ángulo de noventa grados creará una línea más delgada y bajarlo lo ensanchará; cosa que también se logrará aplicando más presión. Esto funciona igual para el lápiz, pero debido a que la punta del lápiz se gasta enseguida, deja de estar en el centro. Por eso, los lápices deben irse girando mientras se usan para mantener el mismo grosor y evitar el sobreafilado.

Un buen entintado también requiere de planificación además de un correcto movimiento del brazo y el control de la presión. Antes de lanzaros a entintar, decidid dónde quedarán tanto el inicio como el final de la línea. Especialmente si se trata de una línea larga y fina, ensayad primero y mantened el punto final en mente. Si sólo os concentráis en la punta de la pluma, es facilísimo desviarse del curso; tendréis que corregir la dirección a mitad de una línea, lo que dará como resultado una ligera desviación y no obtendréis una línea recta.

DEL BORRADOR AL ENTINTADO

No importa qué tipo de pluma o rotulador uséis, siempre necesitaréis repasar el boceto. Luego, borrad las líneas del lápiz una vez que la tinta se haya secado. También podéis recurrir a una caja de luz y calcar la imagen. Esta segunda opción podría ser preferible para el principiante, ya que no corréis el riesgo que se estropee el borrador original. Otra alternativa sería escanear el trabajo a lápiz, quizás aclarando las líneas antes de imprimirlas.

Una vez escaneado se puede entintar digitalmente. A mí me gusta usar PaintTool SAI. A diferencia de Photoshop, incluye una función de estabilización de línea que ayuda a evitar oscilaciones, y es fácil de ajustar la forma del borde de la pluma y el tamaño mínimo/máximo de la línea mientras se utiliza una tableta gráfica sensible a la presión. Por otro lado, la herramienta de la pluma de Photoshop permite construir curvas de vector perfectas. Hay *plug-ins* de suavizado de líneas y aplicaciones disponibles para usar con la mayoría de los *softwares* de arte y diseño, uno de ellos es Lazy Nezumi.

Introducción al coloreado digital

No me cabe la menor duda de que ya os habréis percatado de que los ordenadores constituyen parte cotidiana de la vida de la gente, esto incluye también el arte, donde, particularmente, el dibujo ha evolucionado hacia el uso de ordenadores y programas de creación de imágenes. Crear, colorear, editar y reproducir obras de arte se ha vuelto rápido y fácil, lo que significa que muchos artistas acabarán por sacar el máximo provecho de la nueva tecnología. Ciertamente, cada ilustrador, artista conceptual o *mangaka*, incluso aquellos que prefieren los medios tradicionales, tendrán que familiarizarse con la tecnología digital y el *software* gráfico si quieren seguir con su carrera. Incluso si no pretenden utilizar estos medios, o sólo utilizarlos mínimamente, todos los artistas encontrarán útil saber sobre escaneo, recorte, ajuste de colores y grabar las imágenes en diferentes tamaños.

PROGRAMAS

Nos hallamos ahora en una época emocionante para probar el nuevo *software* y *hardware* que constantemente está surgiendo en el mercado. Los ordenadores domésticos se encuentran en una etapa en la que trabajan de manera rápida y eficiente, y ya existen programas con muchos años en el mercado, como Adobe Photoshop, que ya han evolucionado hasta un punto en el que resulta difícil encontrar algún fallo o algún punto en el que se podrían mejorar.

Por norma general, yo uso Photoshop y lo llevo usando desde finales de los años noventa. La mayoría de los profesionales que trabajan en diseño para juegos,

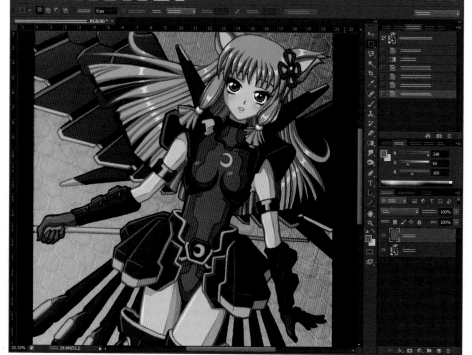

películas y animación también lo usan mientras que las escuelas y universidades ofrecen cursos de esta aplicación que se ha convertido en estándar de la industria. No obstante, este programa es una de las opciones más caras, y tanto principiantes como artistas experimentados pueden optar por alternativas como PaintTool SAI, Manga Studio, Sketch Book Pro, Illustrator, Painter o Photoshop Elements. A muchos artistas les gusta trabajar con varios, por ejemplo entintando con Manga Studio, coloreando con SAI, luego retocando y añadiendo efectos con Photoshop. La mayoría de las empresas de *software* ofrecen una prueba gratuita de treinta días.

Las interfaces de muchos de los programas son similares, lo que permite a los usuarios seleccionar fácilmente las herramientas y capas y ajustar la configuración. Por supuesto, tardaréis algún tiempo antes de aprender lo básico con cualquier aplicación. Os sugiero que primero exploréis cada uno de los diferentes menús, configuraciones y herramientas en un nuevo archivo o lienzo para ver qué hacen y familiarizaros con todo, antes de elegir un pequeño proyecto (por ejemplo, dibujar y colorear una cara sencilla). Para ayudaros a empezar, os proporcionaré en las siguientes páginas una guía básica de cómo dibujo y coloreo una imagen usando el ordenador.

EQUIPO

Junto con el programa, lo ideal es comprar una tableta gráfica, que proporciona mucha más precisión que un ratón. Huion, Ugee y Wacom tienen diferentes tipos para elegir. Yo siempre he usado tabletas Wacom y ahora tengo un pequeño Intuos Pen para cuando viajo y una pantalla Cintiq más grande en mi estudio.

También necesitaréis un escáner, una impresora y un monitor de buena calidad, y, por supuesto, un ordenador al que conectarlo todo. La mayoría de los ordenadores modernos son capaces de ejecutar el *software* gráfico disponible. Si deseáis trabajar con archivos más grandes para imprimir, considerad haceros con un ordenador de alta gama con un procesador rápido, mucha RAM y un disco duro de estado sólido para un acceso rápido a los archivos.

Con la ilustración digital dispondréis de lienzos ilimitados, pinturas, pinceles y cualquier material que necesitéis. Con eso y un poco de práctica no tendréis excusa para crear obras de arte impecables. Los beneficios del medio digital incluyen:

- ❱ **Lienzos, pinturas, pinceles y otros materiales ilimitados al alcance de la mano.**
- ❱ **Después del desembolso inicial del equipo, el coste de ilustrar es mínimo.**
- ❱ **Podéis guardar vuestro trabajo en diferentes etapas y volver a editarlo.**
- ❱ **Facilidad de lograr colores superplanos o degradados precisos.**
- ❱ **Con superposiciones texturizadas, se puede cambiar instantáneamente el aspecto de las obras.**
- ❱ **Se pueden subir y compartir los dibujos en Internet.**
- ❱ **Facilidad de imprimir y reproducir el trabajo.**
- ❱ **El *software* puede ayudar a los artistas con manos temblorosas; la gente miope puede, de igual forma, hacer zoom en el trabajo.**
- ❱ **Facilidad de lograr líneas y curvas perfectas.**
- ❱ **Facilidad de redimensionar, duplicar o reposicionar partes del dibujo.**
- ❱ **Y se puede DESHACER cualquier paso en cualquier momento.**

Crear una figura en color digital

Photoshop es mi programa de referencia. Si bien es posible que ya estéis familiarizados con sus funciones básicas, liberar todo su potencial requerirá algo de práctica. Con todo, una vez que lo dominéis, los resultados que podéis lograr con él pueden ser increíbles. Después de familiarizaros con su interfaz, necesitaréis comprender cómo funcionan las capas, que son una parte fundamental del arte digital. Al igual que una pila de acetatos o láminas de plástico transparente, las líneas que pintamos en una capa no afectarán a otra capa del panel capas. Si pintamos en una capa superior, cubriremos la capa inferior, pero no la afectaremos. Al poner diferentes colores en diferentes capas, podemos sombrear cada una sin agregar, por ejemplo, un color de cabello no deseado a la cara de una persona o el tono de piel en la chaqueta de otro. Cada capa se puede editar individualmente en cualquier momento.

PASO 1
Configuración y boceto

Creamos un nuevo documento. Yo empiezo con el tamaño predeterminado «Papel internacional - A3» o «Papel EE. UU. - Tabloide». Para lograr un buen resultado al imprimir el tamaño del lienzo debe ser como mínimo de 5000 a 10 000 px y la resolución mínima 300 ppp.

Hacemos clic en «Crear una nueva capa» en la pestaña de capas. Esto añadirá una capa transparente para dibujar encima de la capa de fondo blanca. Con la herramienta pincel, seleccionamos uno redondo de 12 px con 100 % de dureza y 1 % de espaciado, marcamos la caja de forma dinámica, que se controlará utilizando la presión del lápiz de la tableta. En la barra de opciones de pincel establecemos el porcentaje de flujo en 10 %.

El flujo se puede mantener al 100 % y la opacidad se puede reducir al 50 %. Esto creará un pincel tipo lápiz, con el que las líneas se pueden oscurecer al pasar sobre ellas varias veces. Clicamos en el color primario/primer plano en la barra de herramientas para abrir «Selector de color». Seleccionamos un tono azul y clicamos en «Aceptar». También podemos seleccionar un azul en el panel de muestras. Ahora utilizamos las técnicas que hemos cubierto para esbozar nuestro personaje.

PASO 2
Entintado y tonos planos

Una vez completada la etapa de dibujo, creamos otra nueva capa encima que emplearemos para entintar sobre el boceto inicial. Tras esto, la capa de boceto original se puede eliminar, pero es mejor guardar otra copia del archivo antes de continuar con el proceso de color.

Ahora comenzamos a apilar cada color en su propia capa, una capa para la piel, una para el cabello, una para la ropa, otra para el ribete y así sucesivamente. La colocación de capas se puede lograr utilizando las herramientas de varita mágica, el lazo poligonal o manualmente pintándolas con la herramienta de pincel. Naturalmente, se pueden usar los tres métodos en la misma obra.

PASO 3
Sombreado plano

Después de colocar los colores planos, bloqueamos cada una de las capas de color clicando en el icono «Bloquear píxeles transparentes» en la pestaña de capas. Esto nos permitirá agregar sombreado sólo a los colores existentes, impidiendo colorear fuera de las líneas. Utilizamos el selector de color para elegir un tono ligeramente más oscuro para cada color y trabajar una fuente de luz básica usando sombreado siguiendo el estilo plano de «anime cel».

PASO 4
Renderizado suave

Al renderizar, nos ocupamos de los colores/capas uno por uno. Utilizaremos un pincel suave con 0 % de dureza y un bajo porcentaje de flujo (5-15 %) para poder construir gradualmente el tono y permitir más control al mezclar tonos. Utilizaremos pinceles más grandes aquí para extender el tono gradado de manera más uniforme.
Una vez que el sombreado quede uniforme y suave, podemos abrir el ajuste de la imagen «Brillo/contraste» y ajustar los controles deslizantes para generar una gama más vibrante de tonos.

PASO 5
Completar el renderizado

Repetimos el proceso del paso 4 para el resto de la imagen. Aquí suelo experimentar en la mitad del proceso abriendo el ajuste de la imagen «Tono/saturación» y modificando los tonos.

PASO 6

Como todo el trabajo lineal de la ilustración está en su propia capa, se puede colorear. Por ejemplo, las líneas que delimitan la piel se pueden hacer de color marrón oscuro y las que resiguen el adorno plateado se pueden aclarar. Trabajar con líneas de color aporta un aspecto más realista y ayuda a que la ilustración luzca más unificada.

Agregamos un fondo. En este caso, una foto hecha por mí, ajusté el tono/saturación y el brillo/contraste y apliqué un filtro de desenfoque de movimiento.

Luego agregué capas de degradados de color sobre la parte superior de la imagen con el modo de mezcla de color de cada capa fijado en «Luz suave». Podéis experimentar con diferentes colores o rellenos de degradado superpuestos y con los diversos modos de fusión de capas de Photoshop.

Creando páginas manga

A medida que continuéis perfeccionando vuestras habilidades querréis colocar a vuestros personajes en vuestro propio cómic manga. Esto requiere pensar en vuestros personajes a otro nivel, cómo se manifestarán sus personalidades y qué aventuras podrían tener. Sin embargo, crear páginas de manga consume mucho tiempo, ya que tendréis que crear personajes desde varios ángulos, dibujar fondos, accesorios y entornos y mantener la coherencia para que cada viñeta tenga sentido. Aunque crear una historia puede convertirse en un proyecto complejo, aquí os brindo algunos consejos para que sea más fácil y agradable tanto para el artista como para el lector.

La primera lección a la hora de crear una página completa es no perder mucho tiempo en la creación de la historia. El planteamiento de la historia debería ser de unas pocas páginas o viñetas. También podría solucionarse con un prólogo sólo de texto o incluso simplemente volver a él más tarde (usando *flashbacks*). Se trata de atrapar al lector en la esencia de la historia lo más rápido posible.

Considerad la posibilidad de escribir un guion o esbozar la historia a grandes rasgos. Hay que evitar que nos desviemos de la historia principal que teníamos en mente. Se puede hacer tan simple o tan detallado como prefiráis, pero debería describir cómo se ven las escenas de cada viñeta, así como cualquier frase o diálogo.

Tened en cuenta la viñeta que vais a dibujar. ¿Es importante o no? ¿Tiene que impactar o no? En general, las viñetas más grandes atraen más atención que las pequeñas. Por lo tanto, las grandes deben reservarse para escenas importantes que necesitan énfasis, mientras que las pequeños ayudan a mantener la fluidez de la historia.

La cantidad de viñetas por página depende de la escena. Alrededor de cinco es lo habitual, aunque para escenas más dramáticas o de acción se pueden reducir a entre una y tres. En los cómics occidentales las viñetas se leen de izquierda a derecha.

En Japón, se lee de derecha a izquierda, por lo que las páginas nos parece que están al revés. Algunos *mangakas* occidentales prefieren mantener la autenticidad de su trabajo tanto en el estilo como en el diseño de la página, por lo que sus viñetas siguen el orden japonés. Yo creo que hay que considerar también a los lectores, si el trabajo está destinado a ser leído en su mayoría por un público occidental, hacerlas de izquierda a derecha proporciona un estilo de diseño con el que los lectores están más familiarizados.

Es mejor que comencéis con una historia corta antes de lanzaros a una serie épica. Vuestro primer manga podría constar sólo de un par de páginas o ser una historia corta de unas veinte o treinta páginas. Si tenéis un millón de ideas en la cabeza, podéis comenzar con una y luego perder la motivación o podríais aburriros al ver que tardáis varios días en completar una sola página debido a la falta de experiencia.

PREGUNTAS CRUCIALES

Antes de dedicaros por completo a los detalles técnicos y artísticos de la creación, recordad preguntaros:

❯ ¿Qué mantendrá el interés de un lector en la historia? Tal vez personajes con los que el público pueda sentirse identificado o algún tipo de viaje de un personaje para superar las adversidades de una manera emocionante.

❯ ¿Cómo puedo mantener la continuidad a lo largo de la historia? Si algo sucede al principio, aseguraos de volver a referiros a ello más tarde y no olvidéis lo que ha ido aconteciendo.

❯ ¿Cómo puedo decidir lo que sucederá a continuación? Tomaos vuestro tiempo para planificar. Las prisas son muy malas compañeras y perjudican siempre el trabajo.

❯ Contar historias y mantener el entusiasmo en proyectos largos puede ser vuestro mayor obstáculo a superar, pero una vez que os sumerjáis en ella y el mundo que estáis creando, os veréis sobradamente recompensados.

Diseño de una página: planificación

Llegados a este punto, ya habréis leído mangas que os gusten, tendréis una historia en mente, conoceréis el género y el mundo en el que se desarrollará la trama y tendréis una idea sobre quién interpretará los papeles principales y cómo se desarrollarán sus vidas.

Para mostraros el proceso que seguiréis a continuación, he decidido dibujar un encuentro entre una heroína y un villano monstruoso. La idea es crear una escena que se intercomunique en múltiples niveles; en general, intento demostrar que aunque una chica caminando sola en un país monstruoso pueda parecer peligroso, ésta no es el tipo de chica que deja que se metan con ella. A continuación, sitúo las viñetas en un orden obvio y sistemático. Por lo general, el primer panel debe establecer el planteamiento o el entorno, mientras que el último debe mostrar el resultado o conclusión de la escena.

Antes de ponernos con el diseño de la página, ayuda mucho dibujar el elenco principal. Se puede optar por ilustrarlos desde múltiples ángulos o mostrar diferentes expresiones faciales. Dado que voy a estar trabajando en una pequeña tira, un solo diseño independiente es suficiente.

➤ Los bocetos en miniatura o un guion constituyen una parte importante del proceso de planificación. Esbozar un esquema general resulta rápido y fácil antes de dedicar más tiempo a una serie detallada de dibujos. A menudo trato de hacer que las viñetas o partes de los personajes se superpongan, y pruebo con diferentes tamaños para crear un diseño más dinámico e interesante.

❮ Si no estáis seguros de un cierto ángulo o postura, podéis experimentar con algunas variaciones, por ejemplo, la viñeta donde la heroína da el golpe final al monstruo.

Diseño de una página: dibujo a lápiz y entintado

Los dibujantes consumados pueden ser muy pulcros con su trabajo a lápiz, mientras que otros serán más desordenados, haciendo borradores en papeles aparte, construyendo elementos de la página, planificando proporciones y diseños o dibujando y redibujando marcos. Si el dibujo empieza a ser demasiado desordenado, es mejor rehacerlo, o simplemente hacer un buen uso de un borrador para mantener las cosas lo suficientemente claras y, lo que es más importante, lo suficientemente claras para que el público las lea fácilmente una vez que se haya refinado el trabajo de líneas.

Dado que probablemente entintaréis el dibujo después de hacerlo con lápiz o tableta gráfica, podéis optar por ser un poco más sucios/desordenados en la fase del borrador y usar la etapa de entintado para refinar los detalles; aunque mi consejo es dejar el lápiz lo más limpio posible en vuestros primeros proyectos. También podéis usar la etapa del lápiz para probar nuevos detalles y adornos que no hayáis probado antes de hacerlos definitivos en la etapa de entintado, que no permite experimentos.

ADICIÓN DE TINTA

En manga no se utilizan tanto las técnicas de variación del grueso de la línea o de usar muchas paralelas para indicar luces y sombras. En su lugar, muchos *mangakas* mantendrán el trabajo en línea superfino y usarán tonos grises para agregar énfasis a ciertas partes de una imagen.

En estas páginas no he mostrado una fuente de luz con el entintado. Normalmente lo haría añadiendo sombra de bloques o rayando donde la luz no llega, mientras que dejaría las líneas más delgadas más cerca de la fuente de luz. Sin embargo, he dado más grosor a las líneas alrededor de la silueta exterior de los personajes y objetos más cercanos al espectador para crear más profundidad y enfoque. Si no tenéis la intención de añadir tramas o colorear vuestras páginas manga, este paso definitivamente les dará un aspecto más profesional y ayudará a que sean más fáciles de leer.

Diseño de una página: tramas grises

La mayoría de los mangas que se imprimen en Japón usan variaciones de grises que se crean con las denominadas «tramas», que son texturas colocadas encima de una imagen y que se pueden aplicar con bastante rapidez para dar a la obra una sensación adicional de profundidad y detalle. Algunos mangas son muy parcos con las tramas y casi no las usan, tienen sólo una capa básica de sombra plana aquí y allá, mientras que otros utilizan una gama de diferentes degradados, patrones o texturas a lo largo de cada página y reservan el blanco para los reflejos producidos por una fuente de luz blanca.

Tradicionalmente, las tramas adhesivas se cortaban a medida con un cúter o bisturí y se aplicaban directamente sobre la ilustración. Hoy en día, sin embargo, todos los mangas utilizan técnicas digitales para agregar tramas en mucho menos tiempo.

Aquí podéis ver que he utilizado una gama de tonos básicos para mis páginas manga, principalmente para dar énfasis y para añadir un poco de contraste entre los personajes y el fondo. Seguidamente, os muestro la página dos, en la que he repetido el proceso de lápiz, tinta y tramas.

Diseño de una página: páginas a color

Podéis saltaros el paso de los grises y pasar directamente al color para lograr el máximo efecto. Esto os permitirá concentraros más en la forma y la iluminación, como con los ejemplos anteriores en el libro. He utilizado tonos más claros en la chica para indicar que es la heroína, mientras que el villano viste de negro. He usado rojo y naranja en los fondos de las viñetas con líneas de acción para ayudar a crear una sensación de peligro y drama.

A pesar de que la escena se lee bastante bien, decidí añadir algunos bocadillos y efectos para dejar claro que el monstruo no estaba simplemente pidiéndole a la chica que le indicara el camino.

CONSEJOS NARRATIVOS

Pensad en el ritmo; está bien contar con páginas más estáticas donde los personajes están conversando, pero encontrad maneras de hacerlas interesantes para evitar docenas de viñetas con personajes sentados o de pie mientras mantienen una discusión.

Haced lo posible para dejar tantas páginas como podáis en *cliffhanger* (o momento de suspense) para que los lectores quieran ver lo que viene después. Por ejemplo, un encuentro casual con un monstruo en la página uno crea tensión: ¿cómo va a lidiar la chica con esto? ¿Se la comerá, se lesionará o tendrá algunos trucos bajo la manga? Y si es así, ¿cuáles podrían ser? ¡La página dos tiene la respuesta!

No os limitéis a crear imágenes de personajes tipo retrato, intentad dibujar vuestras propias páginas completas. Resulta una forma fantástica de sacar el máximo provecho de vuestras ideas.

Creación
de personajes

Hay un sinfín de posibilidades para crear personajes y puede ser divertido empezar a garabatear ideas y ver adónde llegáis. Alternativamente, podéis decidir de antemano qué tipo de personaje queréis crear. Probad ambos métodos; puede que el éxito dependa de vuestro estado de ánimo en el momento, o que sólo uno de los dos métodos se adapte mejor a vuestra forma de trabajar.

Los personajes pueden ser de cualquier forma o tamaño, masculino, femenino, no binario, humano o no. Pueden ser divertidos, elegantes, guapos, feos, fuertes, sexis, interesantes, aterradores o misteriosos. Hay muchas maneras de alcanzar un resultado final increíble, pero para lograrlo debéis experimentar con tantos estilos, poses, ángulos y tipos de personalidad como podáis. Mientras practicáis, tratad de concentraros en un solo elemento de vuestro concepto, como un arma o un atuendo. Puede que una pose frontal y poco emocionante quede perfectamente bien. O, si os decantáis por una postura o ángulo dinámicos, mejor empezad a dibujar el personaje sin ropa o accesorios para hacer que la geometría sea más fácil de comprender. A medida que ganéis en confianza, podéis comenzar a trabajar el conjunto aunando una pose interesante y un diseño de atuendo complejo, junto con una representación detallada y a color.

El manga tiene una gama tan diversa de géneros que es imposible demostrar cada tipo de personaje, desde alienígenas hasta animales, *mechas*, monstruos y una gama de personajes humanos. No obstante, es más que probable que os encontréis con arquetipos como éstos:

❯ **Estudiantes de escuela (como aparecen en *Deathnote, GTO, Azumanga Daioh*)**

❯ **Samuráis y *ninjas* (Naruto, Rouroni Kenshin, Bleach, Kozure Ōkami [El lobo solitario y su cachorro])**

❯ ***Maidos* o enfermeras (Hand Maid May, Welcome to Pia Carrot, Maid Sama!)**

❯ **Robots gigantes (*Macross, Gundam, Neon Genesis Evangelion*)**

❯ **Fantasía europea (*Berserk, Full Metal Alchemist, Hellsing, Attack on Titan*)**

❯ **Monstruos (*Pokémon, Digimon, Yu-gioh, Bakugan*)**

❯ **Chicas mágicas (*Sailor Moon, Cardcaptor Sakura*)**

❯ **Luchadores (*Dragon Ball Z, Hokuto no Ken [El puño de la Estrella del Norte], One Punch Man, Street Fighter*)**

Bocetos rápidos y miniaturas

Al igual que con una página de cómic, generar un dibujo inicial en borrador o en miniatura puede ser una buena manera de comenzar, ya que os permitirá tener claras las ideas o conceptos generales y planificar un marco para vuestra ilustración antes de dedicar más tiempo a una pieza final. Estos bocetos iniciales pueden ser más burdos o más detallados, en función de cómo prefiráis trabajar. Sirven tanto para planificar una pose o gesto como para trabajar los detalles de la indumentaria.

También se pueden utilizar para probar nuevas ideas de estilo; ajustando los ojos o el cabello o exagerando las proporciones, se pueden agregar elementos de realismo, dibujos animados u otras influencias de cómics para ayudar a experimentar con una forma de representar a las personas.

USO DEL CUADERNO DE BOCETOS

Os recomiendo que tengáis siempre a mano un
cuaderno de bocetos o un papel para anotar ideas o
practicar el dibujo cuando tengáis tiempo libre: viajando
en transporte público, esperando a alguien, relajándoos
frente a la televisión o sentados en un parque o cafetería.
Aseguraos de llenar cada página con tantas ideas y
bocetos de práctica como podáis encajar en ella.

Guerrera medieval

Mientras que los samuráis tradicionales aparecen en numerosas historias japonesas, muchos fans del manganime y los videojuegos están igualmente interesados en los guerreros de fantasía medievales de estilo europeo, como los que aparecen en *Claymore, Berserk o Record of Lodoss War*. El género de fantasía llegó al gran público de la mano de autores de ficción como Tolkien en su saga de *El señor de los anillos*, basada en las mitologías nórdica y germánica. En lo que respecta a los mundos de fantasía, podéis decantaros sin miedo por caballeros, elfos y magos. A continuación os presento una guerrera, con una postura dinámica agachada, una espada en escorzo y el pelo ondulado al viento para agregar movimiento. Verde, marrón y amarillo ayudan a comunicar su conexión con la naturaleza, mientras que los adornos dorados denotan un rango más alto en caballería.

Después de planear el atuendo, realicé algunos bocetos en miniatura para ayudarme a decidir sobre la pose, luego dibujé encima del boceto que me había quedado mejor para refinar el diseño.

Enfermera de fantasía

En el mundo ficticio del manga, se pueden utilizar instrumentos o accesorios de gran tamaño. Una jeringa, tijeras o tal vez un bisturí resultan adecuados para alguien que trabaja en el ámbito sanitario; pero si estáis dibujando un mecánico, éste podría estar sosteniendo una llave o un destornillador enorme; o un dibujante como vosotros podría llevar un lápiz o un pincel supergrande. Para ayudarme a planear más escenas o fondos, le he dado al personaje un poco de historia de fondo.

Nombre: *Miyu Kitagawa, 21 años.*

Le gusta: *Sushi, golosinas,* cosplay, *cuidar de los pacientes y ofrecer un buen servicio..*

No le gusta: *Virus, enfermedades y gérmenes.*

Biografía: Hace poco comenzó a trabajar en un hospital en Tokio y comparte un apartamento con dos amigos. Tiene buen corazón y su objetivo ayudar a sus pacientes a la vez que pone una sonrisa en sus caras. Puede ser un poco torpe, con habituales caídas, tropiezos y derrames, lo que hace que los pacientes, el personal y los visitantes estén siempre saltando fuera de su camino para evitar ser apuñalados por su jeringa. Es muy mona, pero potencialmente peligrosa.

COLORES ALTERNOS

Antes de colorear las líneas entintadas es conveniente realizar copias para experimentar con combinaciones de colores o sombreado. Si estáis trabajando digitalmente, podéis probar nuevas combinaciones de colores cambiando los tonos de diferentes capas después de haber terminado de renderizar.

Monstruos manga

Muchos de los monstruos que aparecen en *Pokémon* se basan en animales existentes como aves, reptiles y varios mamíferos terrestres, así que vosotros también podéis usar especies de la vida real como punto de partida cuando estéis desarrollando un nuevo tipo de criatura. Para el siguiente ejemplo, quería crear un personaje parecido a un insecto, pero también acuático, como una especie de chinche de agua.

Le gusta: *Agua, desafiar a otras criaturas, cosas de color azul como los arándanos y el cielo.*

No le gusta: *Fuego y calor, hielo y nieve, lugares altos, perder en las peleas.*

Biografía: Se trata de un sektar. Viven en grandes lagos y ríos, se alimentan de peces pequeños y vegetación acuática. Pueden ser demasiado confiados y querer luchar contra enemigos más grandes, pero a veces pierden, después de haber mordido más de lo que pueden masticar. Son moderadamente inteligentes a pesar de sus impulsos, que pueden meterlos en problemas. Ponen huevos que eclosionan, y evolucionan a través de cuatro etapas, aumentando su nivel de poder a medida que ganan experiencia de batalla. Cuanto más crecen, más fuertes y más seguros se vuelven.

Poderes especiales:

❯ Ataque insecto: Usando sus poderosas pinzas para pellizcar al enemigo.

❯ Chorro de agua: Escupiendo un chorro por la boca para apartar a los enemigos a un lado.

❯ Golpe de cola: Crea una frecuencia de vibración capaz de impactar en el sistema nervioso de un oponente y paralizarlo.

ETAPA 1

ETAPA 2

EVOLUCIÓN DE UN SEKTAR:

De arriba abajo; quizás tengan una quinta etapa de evolución. ¿Os atrevéis a dibujar cómo sería?

ETAPA 3

ETAPA 4

Creación de un mecha

Los robots manga, o *mechas* (pronunciado *mecas*), están a medio camino entre el robot humanoide y el tanque. No se sabe muy bien si son una persona-robot o un tanque-persona. La mayoría de las veces están diseñados para fines de combate, luchar contra ejércitos, alienígenas, monstruos u otros *mechas*. Pueden ser del mismo tamaño que un humano medio o grandes como un rascacielos.

HISTORIA DE FONDO

Ésta es la Unidad 56A01, también conocida como Novas Arma, una creación de la organización financiada por el ejército AMP (Assault Mech Project). En 2085 se le asignó a AMP la tarea de desarrollar tecnologías prototipo capaces de defender a los habitantes de la Tierra de una raza de invasores alienígenas hostiles.

Mientras la guerra entre la Tierra y los alienígenas se prolongaba durante unos años, AMP comenzó el desarrollo y la fabricación de sus armas para ayudar a la fuerza de defensa del planeta. Sin embargo, los alienígenas atacaron y destruyeron la base de producción antes de que Novas Arma estuviera lista para las pruebas. A pesar de esto, debido a la grave situación en la que se hallaba la fuerza de defensa terráquea, se decidió que Arma saldría a combatir de inmediato.

Este nuevo *mecha* demostró ser efectivo en la batalla contra los alienígenas, aunque debido a la acumulación excesiva de calor se quedaba repentinamente sin energía si se usaba más de treinta minutos, dejando a la unidad vulnerable al ataque.

Con una nueva ola de adversarios alienígenas en camino, Arma es la única esperanza de supervivencia de la Tierra. ¿Podrá AMP construir una nueva base de producción para permitir mejoras en los sistemas de energía de Arma a tiempo?

ARMAMENTO

Novas Arma cuenta con dos potentes pistolas de mano de haz de pulso, lo que le permite disparar a múltiples enemigos simultáneamente sin la necesidad de ametralladoras pesadas o rifles, lo que le brinda increíble rapidez y maniobrabilidad. Posee también cañones de misiles gemelos montados en la parte trasera para mayor potencia de fuego. Sus refuerzos AG (antigravedad) conectados a la cintura le permiten asimismo el combate en el aire.

Preguntas frecuentes y respuestas

❯ ¿Cuánto tiempo debo emplear en cada ilustración?

Depende del tamaño, la cantidad de detalle y tu ritmo. La velocidad suele venir determinada por la práctica y la experiencia. Yo empleo mucho tiempo para disimular las pinceladas, los errores de entintado y las marcas de lápiz, pero ésa es mi actitud perfeccionista. Muchos otros artistas evitarían esta etapa, y aun así tendrían algo que a primera vista parece ser de una calidad bastante similar. No tengas miedo de trabajar en un dibujo durante más de una hora. Si quieres progresar, tómate el tiempo para asegurarte de que todo se vea real, y si estás agregando un fondo, no te apresures. Si estás haciendo manga o páginas secuenciales de cómics, prepárate para pasar de tres a doce horas sólo en el dibujo a lápiz. Ten paciencia con tu proyecto. Si te estás cansando de dibujar, déjalo por un tiempo y vuelve más tarde.

❯ No tengo tiempo para practicar. ¿Alguna sugerencia?

La práctica es imprescindible y podría significar renunciar a media hora de televisión o Internet. O puedes intentar dibujar mientras estás en el transporte público o esperando a un amigo. Al dibujar de forma regular se acaba convirtiendo en un hábito, por lo que encontrar tiempo ya no te parecerá un problema.

❯ Desearía poder dibujar, pero no me sale bien. ¿Alguien más se siente así?

Todos los artistas se han sentido limitados en algún momento por la falta de habilidad. Si no has dibujado regularmente hasta ahora, es normal que no puedas dibujar bien. Tómate todo el tiempo que necesites para mejorar tu técnica y considera que será un proceso largo, no de días. Para algunas personas, podría ser cuestión de semanas antes de que comiencen a ver una mejora, mientras que otras podrían necesitar varios meses o años.

Es tentador compararte con otros artistas que están en un nivel más alto que tú y te harán sentir derrotado después de dedicar horas de esfuerzo a tu trabajo y no obtener ningún reconocimiento por ello. Sin embargo, en ese momento, en lugar de perseguir elogios, *likes*, suscriptores o seguidores, tu misión debe ser mejorar tus habilidades y disfrutar de la creación en el proceso.

❯ ¿Cuánto tiempo me llevará convertirme en un artista de verdad?

He leído por ahí que dominar cualquier habilidad lleva unas 10 000 horas de práctica. Eso no significa que después de sólo cien no puedas crear una ilustración impresionante, pero cuantas más horas, más aumentarán tus habilidades a medida que tu cerebro comienza a retener el conocimiento y la experiencia acumulados. No pienses exclusivamente en las horas que deberías estar empleando; sino en aprender de cada imagen que realices y divertirte probando ideas y creando los tipos de personajes o ilustraciones que más te hagan disfrutar.

❯ No puedo con las imágenes tan detalladas. ¿Qué puedo hacer?

Simplifica tu arte para que coincida con el nivel en el que estás. Los principiantes pueden encontrar algunas de las imágenes finales de este libro demasiado complicadas por lo que es natural que reduzcan los detalles. Por ejemplo, agrupa el cabello en menos mechones, quita adornos o detalles de la ropa, deja fuera los pliegues y concéntrate en las formas básicas del cuerpo. Hazlo todo paso a paso: trabaja en figuras esquemáticas y formas básicas primero para que no te sientas abrumado. Por último, sé paciente. Antes de rendirte después de unos minutos, tómate tu tiempo y sé consciente de que puedes tardar mucho en crear un buen dibujo; ya aprenderás a acelerar a medida que mejores.

❯ ¿Debo publicar mi obra de arte en línea?

Las comunidades de arte en línea proporcionarán una plataforma donde puedes mostrar lo que has creado y obtener críticas de otros artistas que ven dónde necesitas mejorar. Puede ser desalentador, porque siempre existe la posibilidad de que un trol descargue algo de negatividad; también que otro artista no sea positivo en su evaluación de tu imagen y eso hiera tus sentimientos. Sin embargo, la mayoría de los artistas quieren ayudar y pueden brindarte grandes ideas y trucos.

⟩ ¿Cómo puedo dibujar...?

Si hay un área en particular con la que tienes problemas, lo mejor es encontrar material de referencia en Internet o usar fotos de libros, revistas o realizadas por ti. Si nunca has dibujado un gato, por ejemplo, prueba con algunos dibujos de gatos basados en fotos para que te acostumbres a cómo se ven y se mueven, luego dibuja tu propia imagen basada en bocetos anteriores. Cuanto más practiques, más fácil será volver a dibujarlo.

⟩ ¿Cuál es el mejor lugar para dibujar?

Donde te sientas más cómodo. Yo paso la mayor parte de mi tiempo creando obras en mi estudio y mientras escucho música, audiolibros o YouTube. Si vas a dibujar con frecuencia, un espacio de trabajo exclusivo es esencial.

⟩ Quiero vender mi trabajo, ¿qué debo cobrar?

Resulta muy complicado; hay docenas de factores a tener en cuenta. Algunos de los principales son:

⟩ **¿Cuál es el valor de tu trabajo para ti? Todo trabajo requiere tiempo, esfuerzo y habilidad.**

⟩ **¿Cómo se ve tu trabajo comparado con el de los profesionales?**

⟩ **¿Quién paga y para qué se utilizará el trabajo? Esto es muy importante, ya que los encargos individuales no se pagan igual que los realizados por las empresas que buscan usar el personaje en un juego o como mascota de la compañía, y que, generalmente están dispuestas a pagar una cantidad mucho mayor.**

Comenzar cobrando es difícil, ya que hay que entender no sólo de dibujo, sino también de negocios. Sé estricto con tu precio y no te vendas barato, ya que así te sentirás estafado si tardas más días para una imagen y no te compensa el tiempo empleado. Pero, si cobras demasiado nunca conseguirás clientes. Hay que mantener un equilibrio y, en última instancia, los precios deben parecerte justos a ti y hacerte sentir bien.

⟩ ¿Hay universidades que enseñen manga y anime?

La mayoría de los países tienen centros de enseñanza que imparten docenas de cursos de ilustración y animación. Esto es algo que tendrás que investigar por ti mismo para averiguar lo que está disponible en tu localidad. Mira si puedes encontrar reseñas de los centros a los que considerarías asistir, o mejor aún tener contacto personal con sus estudiantes, ya que la calidad de la educación variará mucho de una escuela a otra. Hay escuelas en línea que ofrecen instrucción y orientación artística. Pueden centrarse en técnicas de arte general o cursos más específicos como animación, ilustración, diseño conceptual y cómics. También hay escuelas repartidas por todo el mundo que se centran específicamente en la enseñanza de manga.

⟩ ¿Cómo puedo desarrollar y mantener un estilo de dibujo?

Cuanto más practiques el mismo estilo, más se fijará en tu memoria y más fácil será convertirlo en una ilustración. No intentes forzarlo, deja que se desarrolle de forma natural. Si eres como yo, verás otros estilos que te gustan y querrás imitarlos, por lo que seguir un único estilo puede resultar difícil.

Glosario

Anatomía
La estructura del cuerpo y cómo las diferentes partes de éste se relacionan proporcionalmente las unas con las otras.

Anime
Estilo de ilustración y dibujos animados (animación) típico de Japón.

Bancos de imágenes
Colecciones de imágenes que se pueden utilizar para cualquier uso específico, las hay gratuitas o de pago. El pago o licencia permite cumplir con las leyes de reproducción o *copyright* y, al mismo tiempo, ahorrarse tener que contratar a un fotógrafo o tener que dibujar algo manualmente. El hecho de pagar una licencia da derecho a usar la imagen como se desee, pero la mayoría de las imágenes que permiten su uso gratis requieren que se cite a los dueños o que se mencione en un enlace la imagen original.

Capas
La mayoría de los programas de diseño digital usan capas. Funcionan como láminas de vidrio apiladas (se puede ver a través de ellas lo que hay debajo). Las capas se pueden mover, borrar, añadir, reordenar, copiar y pegar con todo su contenido como si fueran láminas de vidrio de verdad. Además, también se puede controlar su opacidad para ajustar lo que dejan ver a través de ellas.

CG
Abreviación de gráficos por ordenador y que se suele aplicar al manga creado digitalmente.

Chibi
Son los personajes pequeños y *kawaii* que suelen aparecen con cabezas desproporcionadamente grandes respecto al cuerpo y las extremidades.

Composición
Se refiere a la distribución de los diversos elementos que componen una obra.

Contraste
Es la diferencia entre las partes más claras y las más oscuras de una composición. Una imagen muy contrastada o con alto contraste tendrá mucha más variación entre claro y oscuro que otra poco contrastada o con bajo contraste, donde los tonos serán mucho más parecidos.

Cosplay
Es cuando uno se disfraza de su personaje favorito de manganime, juegos o películas, normalmente para asistir a algún evento como el Salón del Cómic, Expojapan, etc.

Dōjinshi
Son cómics realizados por los fans que toman como base personajes, historias o mundos de sus series/ mangas favoritos.

Encargar
Solicitar que te hagan un dibujo u obra por encargo. Los artistas que quieren vivir de su arte suelen aceptar encargos de personas particulares.

Entintando
Proceso de añadir líneas negras a un dibujo/borrador previamente realizado a lápiz, ya sea en papel o en formato digital vía tableta gráfica y ordenador.

Escanear
Incorporar imágenes y dibujos al ordenador convirtiéndolas en digital. Otra alternativa es fotografiar ilustraciones.

Flatting
Añadir tonos planos base a las capas de una imagen para colorear, normalmente dentro de líneas que ya han sido dibujar antes.

Flujo de trabajo (workflow)
Se trata del proceso que sigue un artista desde que comienza una obra hasta que la finaliza completamente, o desde que inicia un paso hasta el siguiente.

Fondo
El área de un dibujo que aparece lo más alejado posible de los

espectadores y sobre la que los personajes se colocan.

Layout

Se refiere a la distribución de los elementos que conforman una imagen o una página de manga como viñetas, globos, márgenes o separaciones entre elementos.

Líneas de acción

Líneas paralelas que se extienden en círculo, muy usadas para denotar movimiento o focalizar la atención sobre algún elemento.

Mecha (pronunciado meca)

Abreviación del inglés *mechanical*, se refiere a máquinas, robots por lo general, y al género de manganime donde aparecen.

Medio

Material empleado para crear una obra, por ejemplo, lápiz, tinta, digital, etc.

Monocromo

Realizado con un solo color.

Perspectiva

Técnica utilizada para representar objetos tridimensionales en una ilustración y que parezca que se extienden en la distancia.

Photoshop Cs y CC

CS significa Creative Suite y CC Creative Cloud. Photoshop es uno de los programas creados por Adobe.

Plano intermedio, término medio

La parte de la ilustración entre el primer plano y el fondo.

Primer plano

El área de la imagen que aparece más cerca de los espectadores.

Referencia

Imagen o foto que ayuda al dibujante como inspiración o para entender cómo se ve algo en realidad.

Renderizar

Añadir sombreado para refinar la forma de un objeto y darle volumen.

Shojo

En japonés significa «chica joven», pero en Europa lo usamos para el manga que se dirige a este público. El manga para mujeres adultas se denomina *josei manga*.

Shonen

En japonés significa «chico joven», pero en Europa lo usamos para el manga que se dirige a este público. El manga para hombres adultos se denomina *seinen manga*.

Sombreado

Añadir tonos de color más claros u oscuros para crear el efecto de luces, sombras y relieve tridimensional.

Sombreado aerógrafo/ Soft CG

Técnica digital en la que se usan colores suaves y degradados iguales que los de un aerógrafo.

Sombreado cel

Técnica de dibujo en la que las sombras se muestran con colores sólidos igual que en una imagen de animación.

Tableta gráfica

Dispositivo de entrada que se conecta al ordenador y permite dibujar con un lápiz en lugar de con el ratón.

Tono

Resultado de mezclar un color base con gris.

Viñeta

Uno de los marcos que conforman una página de manga completa. Es una pequeña ilustración que captura un momento en el tiempo.

Muchas gracias por haber leído hasta aquí. Ahora es el momento de coger lápiz y papel, poner tu música favorita y empezar a divertirse dibujando.